Créative politique !

Vers une politique post-héroïque

CREATIVE POLITIQUE !

Gérard Ayache

Créative politique !

Vers une politique post-héroïque

UP' Editions

Parmi les ouvrages de l'auteur :

Homo Sapiens 2.0, Introduction à une histoire naturelle de l'hyperinformation, Max Milo, 2008

La Grande Confusion, France Europe Editions, 2006

Table des matières

CREATIVE POLITIQUE !

Introduction

Mutations

Chacune des générations qui se sont succédé tout au long de l'histoire ont sans nul doute connu des périodes de mutations. Certaines étaient douces et insensibles tandis que d'autres étaient beaucoup plus violentes et profondes. Les mutations que nous vivons, quelques années à peine après être entrés dans le XXIe siècle, sont de celles que l'histoire retiendra. Car non seulement elles bouleversent radicalement les fondements mêmes sur lesquels nos sociétés étaient assises, mais elles transforment l'humain dans sa conscience et dans son corps.

Les mutations contemporaines touchent tous les secteurs de la vie, qu'elle soit sociale ou intimement individuelle. Elles remettent en question nos plans de lecture et d'interprétation du réel ; elles bouleversent nos valeurs et nos fins. Certaines mutations s'insinuent subrepticement dans nos vies tandis que d'autres se manifestent avec bruit et fureur. Qu'on les appelle crises, révolutions, innovations, progrès ou régressions, ces mutations forment convulsivement la réalité de notre monde. Ce qui les rend singulières c'est la vitesse à laquelle elles se propagent. Un jour d'automne 2008, en quelques heures, toute l'économie du monde s'est trouvée bouleversée ; les révolutions du printemps 2011 dans certains pays arabes ont pris de surprise le monde entier ; en une poignée d'années, moins qu'il n'en faut pour faire éclore une génération, nous avons appris à numériser le monde et naviguer sur les réseaux. Les mutations actuelles vont vite ; elles possèdent le pouvoir de changer notre vie en temps réel.

Ces temps qui changent nous conduisent à reforger en permanence nos schémas intellectuels ; ils nous obligent à réélaborer nos manières de penser. Ils font émerger de nouvelles problématiques, de nouvelles valeurs, de nouveaux objets, de nouveaux enjeux, de nouveaux mots.

Politique en est un, plus que tout autre transfiguré.

L'étrange paradoxe

Notre époque est travaillée par un paradoxe étrange : la politique est omniprésente, c'est un sujet qui est sur toutes les lèvres, elle occupe une large partie des médias ; et pourtant on ne cesse d'évoquer périodiquement son impuissance voire sa fin prochaine. La politique serait atteinte d'une maladie de langueur : « elle n'en finit pas de finir. »[1] L'intérêt pour la chose politique est extrêmement vif et s'exprime massivement dans des formes de plus en plus variées ; mais la déception ou la défiance sont aussi, et en même temps, au rendez-vous. Jamais on n'a autant évoqué la politique dans les livres, les journaux, les radios et les télévisions, sur Internet. Mais qu'en est-il du politique. Comment penser le politique aujourd'hui ? Quelle en est sa nature ? Cette question prend un tour particulier au moment où nos sociétés en pleine mutation prennent conscience de leurs incertitudes, de leur complexité et de l'opacité de leur devenir. Et corrélativement, il est vrai que chacun ressent l'impression singulière d'une transformation silencieuse de cette entité mystérieuse qu'est le politique. Une mutation silencieuse mais qui n'en n'est pas moins profonde et prodigieusement lourde de conséquences. À tel point qu'il faudrait plutôt parler de métamorphose pour évoquer cette transformation d'une entité en une autre, à l'œuvre dans un processus organique de destruction et de reconstruction. Le phénomène est en phase d'accomplissement ; il est partiellement occulté par le charivari de *la* politique, mais il se produit sous nos yeux et nous ne savons pas encore le déchiffrer. Cette métamorphose vient de très loin ; peut-être depuis que l'homme vivant en société existe. Le politique n'a cessé de se métamorphoser, par étapes, tout au long des siècles. Nous sommes aujourd'hui les témoins – inconscients, aveugles et sourds – d'une des étapes les plus importantes de cette métamorphose. Nous en sommes aussi, à notre insu, les acteurs primordiaux.

Dans son Protagoras, Platon nous explique comment Prométhée a volé le feu mais n'a pu dérober le politique aux dieux. Selon ce mythe fondateur, l'essence du politique serait ainsi inaccessible à l'homme. Pourtant la sentence d'Aristote « L'homme est par nature un animal politique » signifie qu'il ne peut y avoir d'homme sans politique. Quelle est donc la nature de ce paradoxe ? Doit-on réduire le politique au social comme le laisse entendre le *animal socialis* de la traduction du *zōon politikon* d'Aristote par Sénèque ou Saint Thomas[2] ? Le politique doit-il être entendu, comme Max Weber le pensait, en termes de domination, comme pouvoir de coercition de l'homme sur l'homme ? Le politique résulte-t-il d'un simple rapport entre dominants et dominés, est-il l'axe entre amis et ennemis[3] ? Doit-on accepter sans rechigner la formule sarcastique du Nietzsche de *Par-delà le bien et le mal* : « S'il est vrai que de tous les temps, depuis qu'il y a des hommes, il y a eu aussi des troupeaux humains (confréries sexuelles, communautés, tribus, nations, Églises, États) et toujours un grand nombre d'hommes obéissant à un petit nombre de chefs [...] on est en droit de présumer que dans la règle chacun de nous possède en lui le besoin inné d'obéir, comme une sorte de conscience formelle. »[4] ? Les ethnologues revenus de leurs voyages sur toutes les terres du globe et de leur immersion dans les sociétés les plus diverses montreront que Nietzsche a tort. L'ethnologue Pierre Clastres nous expliquera notamment que le politique, dans son essence, est universel, immanent au social. Plus encore, « Même dans les sociétés où l'institution politique est absente (par exemple, où il n'existe pas de chefs), même là, le politique est présent. » Le politique existerait, mystérieusement, aussi dans l'absence. « Ce qui est le plus proche de nous est en même temps ce qui est le plus caché. »[5] Cette expression tirée de la phénoménologie d'Heidegger nous met sur la voie de la nature essentielle du politique. Le politique n'est pas absent, il est toujours là, sous forme de traces d'un « immémorial » « dont on peut dire qu'il est plus ancien que tout remémoré »[6]. Jean-François Lyotard parlerait d'un « impensé radical »[7] ; Paul Ricœur évoque l'idée d'un « statut de l'oublié » ; un oubli inhérent à la constitution du politique, qui ne renvoie à aucun passé. Le politique serait ainsi « à la fois la réalité la plus proche, constitutive à chaque instant du vivre-ensemble actuel, et le plus dissimulé et en ce sens toujours oublié. »[8] Même dans l'absence, même dans l'oubli, le politique est là car il participe d'un savoir primitif des hommes.

Un moment bien particulier de novation

Si le politique dans son essence reste invisible, c'est soit parce qu'il est éclipsé par d'autres formes, soit parce qu'il a la possibilité de prendre d'autres formes, de se métamorphoser et d'ainsi dérouter l'homme. L'histoire des métamorphoses du politique n'est rien d'autre qu'une succession de transferts de cette entité dans des formes à chaque fois nouvelles – nous dirions aujourd'hui, une succession d'innovations –, qui prendront successivement et selon les époques les noms de religion, d'État, de droit, d'Histoire ou de société. Nous nous situons aujourd'hui à un carrefour où les conditions de la vie collective ne sont pas définies a priori, fixées par le fil de l'histoire ou de la tradition, ou imposées par une autorité sacrée.

Un moment particulier où le politique entame à nouveau un processus créatif d'innovation et peut-être même de novation, dont l'analyse fera tout l'objet de ce livre.

L'expulsion du paradis est imminente

Notre époque découvre, et en un même moment, la fragmentation des identités, l'imprévisibilité de toute chose, la fragilité des sociétés, le caprice des hommes et des climats, la mutation fulgurante des technologies qui profilent de nouvelles dimensions de l'espèce. Le paradigme de la complexité révèle désormais l'approfondissement du fossé qui se creuse entre l'art politique traditionnel et la réalité du monde ; tandis que le politique demeure invisible, comme absent.

Gouverner a toujours consisté à simplifier, à synthétiser les diversités dans une majorité, à tirer un fil de la pelote des multiples. Chacun sent confusément que le politique doit innover, doit intégrer le complexe ; que sa métamorphose consiste désormais à abandonner ses certitudes et ses visions monolithiques, à envisager les limites de ce qu'il peut faire et ne pas faire. Face aux sociétés nouvelles qui viennent, celles du savoir et de l'intelligence mais aussi – et en même temps – celles de la brutalité et de la barbarie, les fondements historiques et sociaux du politique se délitent. Le politique est pris dans le moment crucial de sa métamorphose, la déconstruction, étape dans laquelle il semble prisonnier et mis en échec. Quant à *la* politique, elle donne l'impression d'arriver au bout de sa course. « La politique apparaît à la fois pour nous comme une sorte de résidu gênant, qu'il faudrait idéalement éliminer, et comme une dimension tragiquement manquante, une grandeur qui fait cruellement défaut. »[9]

L'inconscience de ses acteurs de la nécessité de se ressaisir, de se recréer, contribue à favoriser l'émergence de pratiques qui ne sont rien d'autre que des fuites devant la réalité. La plus courante est celle de l'enfermement dans une caste : celle de l'élite dirigeante. Cette caste protège dans sa forteresse les symboles du pouvoir politique. Elle possède sa langue – de bois –, ses codes de connivence, ses coutumes de cour et ses grands prêtres économico-médiatiques. Dans l'enfermement de son Versailles, elle s'éloigne progressivement du peuple et de ses représentants, et s'offusque de n'être point comprise ; d'être alternativement si mal-aimée. L'autre fuite est celle des populismes de toutes natures, dont le jeu pervers est de traduire la réalité complexe en simplifications abusives ; ils jouent avec le feu des passions, indifférents aux conséquences qui creuseront, à nouveau le lit des vieilles tentations totalitaires. Malgré cette funeste perspective, les hommes politiques admettent difficilement que leurs jours sont comptés. « La politique et ses institutions accueillent tranquillement les mauvais présages au sujet de leur avenir, comme si elles jouissaient d'une immunité théorique et pratique. Mais leur expulsion d'un tel paradis est imminente. »[10]

Où est le politique ?

Nous en sommes là aujourd'hui. Où est le politique ? Est-il dissimulé dans nos sociétés ? Est-il tapi dans les profondeurs d'un inconscient collectif ? Exerce-t-il toujours sa fonction prééminente, mais de manière implicite ? En réalité, le politique est claquemuré dans un statut équivoque qu'il est difficile de cerner précisément. En rester là, c'est contribuer assurément à la confusion qui porte à incompréhension, déliaison et rejet du politique. C'est rester aveugle au fait que, en ce moment même, le politique, se dissout dans sa société-chrysalide et renaît par un processus de métamorphose en force suprême d'innovation sociétale et d'agrégation des communautés humaines. Dans cette renaissance créative, le politique se débarrasse, comme des peaux d'une mue, de ses attributs fonctionnels d'organisation concrète de la société ; c'est là le rôle de la politique. Doté de nouvelles ailes, le politique métamorphosé va construire la cohérence dans la complexité et donner aux acteurs sociaux les moyens d'avoir prise sur eux-mêmes.

L'affirmation arrogante de prétendre avoir le contrôle des choses

Cette métamorphose crée une ligne de fracture entre deux expressions et surtout deux pratiques du politique. Elle met à jour une distinction fondamentale ; c'est elle qui articule la charnière entre ce que nous appellerons tout au long de ce livre, homme politique « héroïque » et homme politique « post-héroïque ».

Le politique héroïque est celui qui éprouve la nécessité d'arborer le statut prééminent du politique, cette forme ancienne certes symbolique mais héritée en droite ligne du religieux, se plaçant comme opérateur d'une unité surplombante et forcée. Le politique post-héroïque, au contraire, réinvestit le politique en garant de l'être-ensemble, en « opérateur d'une unification sous-jacente qui autorise les divisions de la société en surface. Il est le facteur de cohésion grâce auquel la contradiction peut être laissée libre et se manifester. »[11] Le politique post-héroïque n'est plus le grand ordonnateur, le pilote suprême ; mais sa fonction n'est pas réduite, bien au contraire ; elle se situe désormais, dans le contexte de nos sociétés complexes, sur un autre registre.

La métamorphose est encore peu visible, en tous cas, elle est inouïe. Car, dans l'esprit de la plupart de nos contemporains, la politique est définie comme un art : celui qui consiste à gouverner une partie significative de la réalité sociale dans l'océan des relations humaines et des imaginaires. Gouverner est alors volontiers conçu comme l'exercice consistant à piloter habilement un mobile doté d'une mécanique sophistiquée et rassurante. Le pilote est le leader, le chef, le guide ; c'est lui qui sait la route, la carte des vents et des marées, qui connaît les secrets des portulans. C'est sur lui que se focalisèrent d'abord les regards des citoyens puis les myriades d'yeux électroniques des caméras de télévision. Auréolé de lumière et de pouvoir, le politique est un héros qui montre la voie et trace la route.

Or rien n'est plus faux que cette métaphore qui ne produit aujourd'hui que confusion et amertume. L'image repose, de fait, sur une illusion : celle d'accoler l'idée de gouverner à des processus qui ne se laissent plus gouverner. La naïveté du politique – ou son cynisme – est de laisser croire que son action peut s'appliquer à une réalité aussi peu gouvernable qu'une société d'hommes disparates et à un monde aussi complexe que celui dans lequel nous évoluons désormais tant bien que mal. Dans ces conditions, penser que gouverner une société complexe se réduit au même art que celui de conduire un groupe ou de piloter un véhicule s'analyse alors au mieux comme une ingénuité, au pire comme une imposture.

L'affirmation arrogante de prétendre avoir le contrôle des choses, qui est celle des politiques de tous les temps, se heurte de nos jours à deux obstacles liés intimement : la complexité des sociétés et l'incertitude, devenus la limite la plus objective de la toute-puissance de notre modernité. Cette puissance, en développement continu, trouve là ses bornes possibles mais aussi, paradoxalement, sa formidable énergie ; car la puissance dont les héros politiques modernes prétendent être dotés pallierait notre fragilité, finirait par vaincre tous les risques et dénouer les nœuds les plus complexes. La toute-puissance ne se cherche plus, dans nos sociétés de haute technologie et de grande prétention, chez les dieux, mais grâce aux mérites acquis ici-bas. Le destin s'efface ainsi de nos sociétés, mais ne disparaît pas ; s'y substitue l'incertitude et ses risques, auréolés de peurs, de mystères et de complexités. Dans la mythologie de la Grèce antique, le destin est supérieur aux dieux, il les surpasse et les égare parfois. Dans les époques modernes de notre histoire, le destin est à la source des désordres du monde, qu'il faut pourtant tâcher de gouverner. Le destin affranchit en quelque sorte les puissants de la toute-puissance de leur responsabilité. De nos jours, le destin, transmuté en risque ou en crise, n'a pas faibli ; il est une superpuissance qui délimite l'impuissance des hommes et l'orgueil de leurs vanités technico-économiques. Les combats d'aujourd'hui ne sont pas ceux des héros grecs contre les dieux mais ceux des conquistadors de l'incertain.

Malheureux le pays qui a besoin de héros !

L'affrontement au réel a remplacé les combats héroïques contre le destin. Mais souvenons-nous, ces combats épiques sont toujours tragiques ; car le héros est par définition tragique : chez les grecs, il ne parvient au sommet de l'Olympe qu'après avoir traversé le Styx, ce fleuve qui sépare la vie de la mort. Le héros cornélien est orgueilleux, glorieux, mais il est malheureux, solitaire et finit corrodé par ses contradictions. La vie du héros excède les possibilités des hommes ordinaires ; il ne peut en cela servir de modèle à imiter, mais il est un réservoir inépuisable d'*exempla*. Son existence héroïque, en coalisant les aspirations et les fantasmes du peuple, lui confère une utilité d'abord historique, puis sociale.

Le héros renvoie à un univers du politique où la politique des hommes et celles des dieux s'affrontent[12]. Il rappelle la tragique incertitude des hommes et leur besoin pathétique de transcendance divine ou humaine. Hugo fera du héros le créateur d'une symphonie inachevée, mais aussi et surtout un prophète mystique :

> *Toujours lui ! Lui partout ! Ou brûlante ou glacée,*
> *Son image sans cesse ébranle ma pensée.*
> *Il verse à mon esprit le souffle créateur.*[13]

Dans sa lutte titanesque pour réduire l'incertitude du monde, le héros tragique s'y est consumé ; là est son destin. C'est ce sacrifice qui le fit entrer dans l'Histoire. Toutefois, le héros n'a pas toujours eu bonne presse. Jusqu'au XVIIIe siècle, le héros antique est psalmodié ; c'est le guerrier sublime qui enchante les hommes et les peuples. Rousseau, parmi les premiers, mettra un bémol à cet enthousiasme héroïque en s'interrogeant sur les réelles vertus de cet être d'exception qui, comparées à celle de l'homme sage, pèsent peu : « Toutes les vertus appartiennent au Sage. Le Héros se dédommage de celles qui lui manquent par l'éclat de celles qu'il possède. [...] Il y a donc plus de solidité dans le caractère du Sage et plus d'éclat dans celui du Héros. »[14] Le héros meneur d'hommes est un guerrier, doté d'une âme forte mais aussi capable de turpitudes. Voltaire ne verra dans cette figure qu'un « saccageur de provinces »[15] ; il lui préfèrera la figure du grand homme, celui qui excelle « dans l'utile et l'agréable ». Le siècle des Lumières refuse d'admettre le caractère d'exception des hommes d'État. Ce qui importe, c'est leur caractère, tout court. L'histoire est certes une fabrique de héros, mais en même temps, ce sont les grands hommes qui font l'histoire. Jacques Julliard[16] rappelle la formule d'Horace « *Humanum genus vivit paucis* » qui peut se traduire par : le genre humain vit en fonction d'un petit nombre ; ou celle de Carlyle qui figure sur les murs de la bibliothèque du Congrès à Washington : « L'histoire universelle est au fond l'histoire des grands hommes ». La fin des héros tragiques ouvre alors les portes du Panthéon aux grands hommes, princes du Progrès et de la Civilisation, en témoignage de reconnaissance de la Patrie.

Au fond de sa conscience, le peuple a besoin de héros à aimer. Platon dans son Cratyle avait déjà remarqué cette pulsion naturelle cachée derrière les mots : *hêrôs* et *êrôs*, l'amour, ont la même origine[17]. Cette faiblesse des hommes pour les plus grands d'entre eux est superbement rendue par Brecht[18] dans le bref dialogue d'Andrea, mortifié que Galilée, son maître, se soit rétracté :

Andréa : —— Malheureux le pays qui n'a pas de héros !

Galilée : ——Malheureux le pays qui a besoin de héros.

Le héros antique, comme le grand homme monument de l'Histoire, sont perçus tous deux comme des personnages d'exception parce qu'ils convoquent l'intérêt et souvent les passions. Peu importe sur quoi repose leur gloire : la guerre, l'art, la science. Ils attirent par leur éclat, ils exercent sur nous, hommes ordinaires, un « appel » comme le pensait Bergson[19]. Le héros est toujours au sommet : de la pyramide, du pouvoir ou de la gloire. Il se donne visible et vu par tous. Le héros a besoin d'éminences ; plus sa position est élevée, plus ample est l'espace sur lequel il porte son pouvoir. Feuerbach disait que « voir est un acte divin »[20] ; embrasser du regard est un privilège du pouvoir : celui des seigneurs féodaux régnant du haut des tours de leurs châteaux comme celui des rois, égaux du soleil. Le politique héroïque, juché au sommet de son pouvoir, dirige, gouverne et parfois se sacrifie, tantôt pour ses idées, tantôt pour le peuple. De Gaulle désavoué claque la porte du pouvoir et s'emmure dans son destin, Mitterrand comme avant lui Pompidou souffre à l'Élysée malgré la maladie qui le ronge. La grandeur du pouvoir consume les grands hommes. Et si certains hommes aspirent tant au pouvoir, c'est aussi pour cet investissement héroïque et tragique de la fonction. Les psychanalystes y verront là une sorte de « fixation au stade phallique ». Le héros politique est le sauveur de tout un peuple, ivre de puissance et d'orgueil. Alain décrit cette tension du héros, cet individu hors normes, le corps entier en érection, qui brûle dans l'action : « Continuellement il invente ; il tend là ; tout le reste l'ennuie. [...] Ce sacrifice d'après l'ordre, cette force dans le danger, cette allégresse dans l'action difficile [...] Dans le temps d'un éclair il se décide ; il ne pense point en arrière comme vous faites toujours, vous spectateur ; il pense en avant, partant de ce qu'il a voulu. [...] Il pense le danger ; le reste est de peu ; si l'obstacle est humain, malheur à l'obstacle. »[21] Toutefois, dans un rappel à la raison bref mais éloquent, Alain conclue : « Sachons admirer, et sachons mépriser ». Certes le héros brille, mais prenons garde que son éclat ne nous aveugle.

Que sont aujourd'hui les héros devenus ?

Plus aucune société à travers le monde – ou presque – ne vit aujourd'hui dans le culte des héros. Hormis peut-être en Corée du Nord ou dans quelques îles exotiques, les files d'attente devant les panthéons consacrés aux grands hommes se font moins longues et moins assidues dans la vénération. Dans une société qui mélange les niveaux et perd ses valeurs, le modèle de la gloire est remplacé par le prestige de la notoriété.

Aux héros et grands hommes se sont substituées les célébrités. Aujourd'hui, l'éclat du héros est celui de la star, étoile médiatique ou politique – ou les deux à la fois. Dans le grand capharnaüm médiatique, la célébrité n'est pas regardante sur les valeurs car ce qui compte n'est pas la gloire mais le degré de notoriété. À cette échelle, le héros qui « appelle » l'humanité vers le haut, comme Bergson l'entendait, est délogé de sa hauteur. La star médiatique n'appelle à aucun dépassement de l'homme ordinaire mais l'incite plutôt à le rejoindre dans sa médiocrité. Les politiques, happés par cet aimant médiatique, sont devenus des stars ; ils participent aux émissions de variétés à la télévision et se complaisent dans les médias people. « Voilà pourquoi l'homme politique qui se plie aux exigences du star-system ne saurait être un meneur d'hommes, mais un suiveur.»[22]

À l'occasion du passage du héros au grand homme et du grand homme à la star, la conception du *charisme*, c'est-à-dire de la capacité à « appeler » au sens bergsonien, s'est transformée radicalement. Par cette mutation, c'est la vie politique elle-même qui est dénaturée. « Dans le cas d'un Churchill, d'un de Gaulle, d'un Roosevelt, le chef d'État charismatique empruntait, dans le contexte de la guerre, de la figure du héros ; dans le cas de l'homme politique à l'âge de la communication et de la consommation, le charisme s'affadit et son face-à-face avec le peuple a régressé au stade analytique du miroir, c'est-à-dire du narcissisme partagé. »[23]

Dans cette régression pré-démocratique, c'est l'émotion qui prend le pas sur la raison, et la forme communicationnelle qui prédomine sur le fond. La compétition politique n'est plus un affrontement de programmes mais surtout un affrontement d'images. Dans cet univers, la célébrité possède une valeur supérieure à la compétence. La sanction que le politique craint le plus est l'effondrement de ses cotes de popularité et l'oubli, qui pour lui équivaut à la mort. La popularité est ainsi devenue l'aristocratie moderne, une forme certes démocratique mais considérablement altérée de la grandeur. Le triomphe politique consiste dans l'accaparement des regards, l'art politique héroïque consistant dans l'art de se faire remarquer, d'apparaître.

Le politique fait ainsi, plus que jamais, l'objet d'une observation illimitée ; il est *hyperobservé*[24], ce qui n'est pas sans conséquence sur la nature même de son pouvoir. Soumis aux regards et aux jugements sur tout ce qu'il fait, il oscille entre deux stratégies : celle du pouvoir faible et celle du pouvoir fort. Dans ce mouvement d'oscillation, c'est l'espace même du politique qui devient imprécis et confus. Le pouvoir passe d'un extrême à l'autre, d'une raison planificatrice à une stratégie du faire avec. Dans un cas, il tente d'imposer, dans l'autre, il s'abandonne à la *realpolitik* et se soumet aux lois des organismes complexes qui régissent, à sa place la société. Tantôt il épouse le courant ascendant de la puissance et devient l'allié des forces de domination effective du monde, pratiquant, dans une sorte de fuite en avant, un pouvoir qui se veut fort en développant des thèmes sécuritaires et en alimentant les penchants d'un totalitarisme hypermoderne[25]. Tantôt il se fait modeste et fonctionne dans un bas régime mou, dit de 'gouvernance', abandonnant des pans entiers de son pouvoir à la pratique instrumentale des 'experts', mieux intégrés que lui dans la logique des systèmes complexes. Dans les deux cas, l'hypervisibilité de l'homme politique rend alors, par effet de contraste, encore plus invisibles certaines décisions prises ailleurs ou en cachette, moins identifiables et donc plus inquiétantes. Une nouvelle séparation semble prendre forme, que Montesquieu n'avait pas formalisée : celle du pouvoir et de l'influence. Elle est favorisée par l'impossibilité d'être célèbre, soumis à la pression des regards, et d'être puissant à la fois. Le politique héroïque est ainsi littéralement consumé par son éclat, auto-aveuglé par sa visibilité tragique.

Happé par la force des regards, égaré dans des espaces complexes, compressé par l'urgence du temps et la perte de la durée, c'est le *courage* du politique qui s'estompe et disparaît dans la confusion du monde. Tragique disparition qui enfonce les hommes dans « le rêve débilitant du *statu quo* »[26] alors que le courage, de Platon à Hannah Arendt est non seulement la vertu politique fondamentale mais aussi la condition immatérielle du gouvernement politique. Seul le courage permet de véritablement commencer une action, de

« s'insérer dans le monde et commencer une histoire »[27]. Son défaut mène à Sarajevo ou Munich, son absence laisse la victoire au comportement sur l'action, à l'opinion sur la pensée.

Le courage d'innover

Retrouver le courage politique c'est faire œuvre créative ; c'est réinventer le sens du mot gouverner et lui donner une autre valeur que celle dont l'illusion héroïque l'a affublé. Nous évoquions, dès les premières lignes de ce livre, la prétention pathétique du politique de vouloir, dans l'océan de la complexité moderne, piloter le navire de la société, de le gouverner vers le bon cap. Dans cette image, la seule vérité qui garde un sens est celle de progression. La société avance, les hommes avancent, le monde aussi. Mais ils n'avancent pas de la servitude vers la liberté ou de la barbarie vers le Progrès ; non, ils vont de la complexité vers une complexité plus grande encore. La politique n'est alors plus une question de modernisation, de réforme, voire même de révolution technologique ou sociale ; la question n'est pas de savoir comment marcher en tête, plus vite. La question se pose plutôt en termes d'actions créatives, capables d'articuler les tensions engendrées par une multitude de mouvements contradictoires. Notre époque n'est plus celle où l'on pouvait simplifier le réel en le forçant dans des concepts d'opposition tels que réformiste/conservateur, ou droite/gauche. Cette belle binarité qui distinguait, pour un temps, le bon cap du mauvais, ne fonctionne plus. Nous sommes embarqués sur une mer grossie de la coexistence de mouvements et de forces, qui ne sont pas réductibles à un courant dominant qui indiquerait le sens. Le politique post-héroïque doit avoir le courage de descendre des hauteurs de sa vigie, pour sentir mieux la mer, les frémissements des vagues et les sautes des vents. « Dans la mer de la complexité moderne, après le désenchantement du monde qui nous a privés de compas, des instruments, des routes et des valeurs utilisables, depuis qu'il n'y a plus de havre ou de fin à atteindre, il faut naviguer à vue. »[28]

Naviguer à vue ne veut pas dire naviguer au hasard, au gré du caprice des éléments, au jour le jour. Cela veut dire, au contraire, gouverner courageusement face au monde, face au réel, l'esprit lucide et les sens en alerte. Cela veut dire agir et faire agir, ici et maintenant, sur le local et l'humain, pour atteindre un résultat global, valable pour la totalité. Cela veut dire écouter mais aussi entendre. Cela veut dire voir mais aussi faire voir. Cela veut dire sentir et comprendre le sens. Cela veut dire co-créer et insuffler une volonté dans tous les corps de la société. Cela veut dire éduquer à la responsabilité citoyenne de chacun, de l'enfant à la firme mondiale. Cela veut dire avoir le courage de changer de route si la vague est trop haute, pour atteindre mieux le futur commun possible. Cela veut dire être confiant dans l'intelligence des hommes avant de prétendre mériter leur confiance.

I

Harmonique du désordre

Les sociétés contemporaines sont frappées d'un caractère particulier : leur centre de décision unique, l'État, s'est progressivement trouvé placé en compétition au sein d'un espace multidimensionnel et polycentrique. Moins connu que des théoriciens libéraux comme Hayek ou Popper, Michael Polanyi est celui qui a le plus inspiré les recherches sur le polycentrisme. Polanyi observe que le polycentrisme existe dans plusieurs niveaux de réalité, fût-elle biologique, physique ou intellectuelle. Le système réflexe de posture qui permet au corps humain de rester en équilibre, de s'asseoir ou de marcher, résout des tâches polycentriques. La sagesse humaine que Kant définissait comme « la capacité d'harmoniser tous les buts de la vie » est également polycentrique. Comme l'est toute œuvre artistique dont la finalité est de construire une harmonie polycentrique qui lui est unique. Tirant ainsi son idée des ordres spontanés observés dans la nature, Polanyi transpose, dans le domaine social, une théorie des organisations complexes fort originale. Le polycentrisme désigne alors des sociétés dans lesquelles différentes sphères fonctionnelles coexistent de façon autonome. La politique, le droit, l'économie, l'art, la religion, … sont autant de domaines qui possèdent une logique autonome et qui préservent jalousement leur intégrité[29]. Dans l'idéologie libérale contemporaine, la sphère économique par exemple est disproportionnée et voit d'un très mauvais œil – sauf si cela lui est utile – toute intrusion de la politique dans son domaine. De la même façon que la politique – au moins en Europe – ne supporte aucune intrusion religieuse dans le sien. Les sphères peuvent entrer en relation les unes avec les autres mais en aucun cas l'une ne peut théoriquement se considérer comme prépondérante sur l'autre. Il n'y a pas de hiérarchie dans le monde des sphères, mais une architecture qui s'apparente plutôt à celle des réseaux. La complexité des sociétés ne vient pas du nombre de sphères entrant en relation ou de la dimension de certaines d'entre elles, mais bien de cette organisation polycentrique.

La société, jusqu'à il y a trois ou quatre décennies, possédait un centre de décision majeur voire exclusif – le pouvoir politique de l'État – et des sphères fonctionnelles périphériques. La complexité de nos sociétés contemporaines vient très exactement de la diversification des centres décisionnels correspondant d'une part, à une différenciation fonctionnelle des systèmes sociaux et d'autre part à la mondialisation des instances de décision. Aucune organisation hiérarchique ne peut alors contrôler cette multiplicité de centres de décision[30]. L'idée qu'une autorité centrale unique puisse accéder à une connaissance synoptique de l'ensemble de la réalité sociale est une illusion. C'est pourtant sur cette illusion que se fondent bon nombre d'idéologies fondées sur le constructivisme social[31] (holisme, socialisme, collectivisme). La pensée politique contemporaine explore d'une autre façon ce même champ d'analyse en développant la notion de *réactivité* qui vient quasiment en lieu et place de la notion de représentation. Cette dernière ne s'apprécie plus alors en termes d'identité mais sous la forme de la construction d'un lien entre les préférences des citoyens et les décisions des gouvernants. Dans cette logique sur laquelle se fondent les notions d'authenticité ou d'imputabilité (*accountability*), il y aurait une étroite corrélation – voire idéalement une symbiose – entre la volonté du peuple et les choix politiques des gouvernants.[32] Ces conceptions de la société appliquent directement le rationalisme cartésien aux problèmes sociaux, sans voir que, malgré la rationalité limitée des acteurs sociaux, la plupart des sphères fonctionnelles se développent sans l'intervention d'un projet délibéré des hommes. Le politique traditionnel s'illusionne et illusionne son monde en entretenant l'idée qu'il est possible de soumettre à un plan délibéré les valeurs et les sphères fonctionnelles d'une société : « L'erreur caractéristique des rationalistes constructivistes est qu'ils ont tendance à fonder leur raisonnement sur ce qui a été appelé l'illusion synoptique, c'est-à-dire sur cette fiction que tous les faits à prendre en considération sont présents à l'esprit d'un même individu et qu'il est possible d'édifier, à partir de cette connaissance des données réelles de détail, un ordre central désirable. [...] Ils paraissent ne pas s'apercevoir le moins du monde que ce rêve suppose tout simplement résolu le problème central de la société : notre incapacité à rassembler en un tout assimilable toutes les données qui entrent dans l'ordre social. »[33]

Pour Max Weber, éminent penseur de la complexité des sociétés, l'organisation de la société correspond au modèle des machines mécaniques de son siècle. Selon lui[34], dans un monde marqué par l'industrialisation, dans lequel l'autorité repose essentiellement sur la compétence et la recherche de l'efficacité, la division pyramidale du travail est le moyen idéal pour résoudre la complexité sociale. Les grandes fonctions d'une société sont donc décomposées en tâches partielles qui trouvent chacune leur place dans un échafaudage hiérarchiquement structuré dont l'organisation bureaucratique est le parangon. La bureaucratie représente pour Weber le modèle type de l'autorité à caractère rationnel et légal. Cette forme d'organisation repose sur des règles abstraites, formelles car écrites et impersonnelles. Les détenteurs de l'autorité sont choisis en fonction de compétences rationnellement évaluées. Ils agissent dans le cadre d'une hiérarchie fonctionnelle dans laquelle les contrôles et les voies de recours sont précisément définis. Ce modèle d'organisation fonctionne dans un certain type d'organisation sociale mais il s'applique mal à des systèmes dont les éléments sont à la fois entrelacés et disjoints. Il s'applique encore moins quand l'efficacité de l'action menée sur certains problèmes globaux exige la coopération harmonieuse de systèmes fonctionnels différents.

Dans les sociétés complexes modernes, toute stratégie de traitement des grandes questions, si elle est fondée sur une architecture hiérarchique et mono-centrique est vouée à l'échec. En effet, l'ordre de logique pyramidale possède une dynamique linéaire. Il ignore tout ce qui peut ressembler de près ou de loin à des effets latéraux ou à des prolongements exponentiels. Il n'y a pas de dimension orthogonale dans un plan hiérarchique. La logique hiérarchique raisonne en chaînes causales et ignore les boucles et les interconnexions propres aux réseaux. Elle s'attache aux détails et aux actions immédiates mais ignore les perspectives et les visions d'ensemble. La logique hiérarchique est binaire, c'est oui ou non, tout ou rien. Son appréhension de la réalité est univoque ce qui conduit souvent à des positions radicales inefficaces ou contreproductives dans le cadre d'un univers complexe.

Les sociétés fondées sur un modèle hiérarchique détestent le désordre ; elles considèrent l'ordre comme le contraire du chaos. Or, dans un système complexe, l'ordre parfait c'est-à-dire l'absence totale de mouvement entre les éléments de l'ensemble s'appelle la mort ou au moins le blocage. Une société complexe comporte un nombre excessivement grand de relations dont un bon nombre sont arbitraires et contradictoires. Rechercher l'ordre dans cet ensemble vivant conduit à l'arrêt du système. Sommes-nous pour autant condamnés à l'anarchie ? Certainement pas car il existe un espace relativement grand entre anarchie et ordre absolu dans lequel la juste mesure peut être trouvée. Rechercher l'ordre d'une société complexe c'est se situer en équilibre entre le chaos et l'ordre parfait, car l'un comme l'autre sont ingouvernables : « Gouverner est une stratégie consistant à construire un ordre sélectif, un équilibre entre chaos et ordre, liberté et nécessité, contexte et autonomie. »[35] Dans cette situation, le politique post-héroïque ne prétend nullement rechercher l'unité mais plutôt, dans une démarche plus créative que dirigiste, l'harmonie des différences. Le cadre de pensée de cette politique n'est pas la logique classique mais la structure du chaos. Se pose alors le problème de la gestion de la contradiction, qui est un des fondements de la démocratie.

Dans la logique classique, la contradiction est le signal d'alerte qui indique que l'on fait fausse route ou qu'une erreur s'est produite dans le raisonnement. Cette logique est, depuis quelques décennies, battue en brèche par les physiciens qui découvrent des situations dans lesquelles la contradiction est irréductible. Par exemple, il est impossible de trancher définitivement entre une conception corpusculaire ou une conception ondulatoire d'une particule. Cette contradiction est alors considérée comme une notion complémentaire qui doit être acceptée et entrer dans le raisonnement pour approcher la connaissance. Cette problématique qui agite les sciences de la nature mais aussi les sciences de l'homme aboutit à l'idée que la logique aristotélicienne binaire n'est plus suffisante et qu'il faut lui substituer des logiques polyvalentes, qui transgressent la logique classique. Certes, on peut revenir à la logique classique dans le traitement des phénomènes complexes, mais seulement pour valider des séquences et jamais la totalité. Cela signifie que la logique classique est rétrospective, elle permet de corriger des erreurs, à l'échelle de la séquence, mais dès qu'il s'agit du mouvement, de la dynamique d'ensemble, ou de la créativité, elle s'avère insuffisante.

Dans nos sociétés contemporaines, la complexité est perçue comme un brouillard de confusion, comme une incertitude, une incompréhension irréductible à la logique. Pourtant, la complexité est un défi majeur que la plupart des politiques héroïques s'engagent invariablement à relever. Or ils ne pourront jamais tenir cette promesse car la réalité n'est pas celle-là. En effet, la complexité comporte deux nœuds fondamentaux : un nœud empirique et un nœud logique. Le noyau empirique de la complexité, c'est les désordres, les aléas, les complications, les situations enchevêtrées, les diversités proliférantes de situations. Le noyau logique est formé des contradictions qui doivent être affrontées et des parts d'indécidabilités internes à la logique. Si l'on s'arrête à ce stade de la réflexion, on pense immédiatement que la complexité est régressive puisqu'elle introduit une part importante d'incertitude dans une connaissance qui a toujours cherché la certitude absolue. Or, un tel absolu n'existe pas. C'est une fable inventée pour rassurer les hommes. La complexité n'est pas régressive mais, au contraire, extraordinairement progressive car elle

oblige à mettre en œuvre une pensée politique nouvelle, une pensée créative qui admette que tout n'est
pas quantifiable, mesurable, gérable. Une pensée qui
reconnaisse la réalité anthroposociale comme naturellement multidimensionnelle, à la fois biologique, individuelle et sociale[36]. Une pensée politique qui com-
prenne que les disciplines qui cherchent à penser et
gouverner les hommes, – la psychologie, la sociologie,
l'économie, le droit, la démographie, etc. –, ne sont
pas des catégories séparées mais qu'elles représentent
plusieurs faces d'une même réalité. Cette pensée multidimensionnelle comporte la nécessité impérieuse
d'introduire la *dialogique* – qui est une des clés de l'open
innovation contemporaine– dans le politique.

La dialogique signifie que deux logiques ou deux
natures, ou deux principes, peuvent parfaitement être
liés en une unité, sans que la dualité ne se perde dans
cette unité. En d'autres mots, les différences et les
contradictions peuvent coexister et former une unité
sans jamais perdre leurs spécificités. La dialogique
comporte l'idée que les antagonismes sont stimula-
teurs et régulateurs. Adopter une démarche d'open innovation dialogique en politique, c'est instituer la sauvegarde de la diversité, organiser et réguler le jeu des
antagonismes d'intérêts, d'idées, de conceptions,
d'opinions, de façon à ce que ces contradictions puissent devenir créatives et productives. Contrairement
à la dialectique qui est un outil conceptuel permettant
de résoudre les contradictions pour percer la vérité, la
dialogique, au contraire, affronte la complexité et ne

cherche pas à résoudre la multidimensionnalité de la dispute avec le réel.

Le dilemme fondamental du politique post-héroïque est qu'il doit coordonner des disparités et harmoniser, en quelque sorte, le désordre, mais sans l'appui d'une autorité suprême – comme pouvait l'être l'État parfaitement souverain –, sans centre décisionnel affirmé et exclusif. Dans les sociétés complexes, la multiplicité des sphères fonctionnelles et leur intrication dans le jeu social empêchent de savoir de façon claire et absolue quelle est la sphère prépondérante pour la légitimité de l'action. L'économique est-il supérieur au politique, ou bien est-ce le droit, le social ou la science ? Il n'existe pas de point de vue hiérarchique qui décide de la suprématie de l'une ou l'autre des sphères fonctionnelles. Dès lors, chacune voit midi à sa porte. Chaque sphère donne la primauté à sa propre fonction et considère les autres systèmes fonctionnels en particulier et la société en général, comme son environnement[37]. Chaque sphère possède ainsi sa propre écologie. Le mode de développement de nos sociétés complexes actuelles a poussé à l'extrême ce mécanisme et l'a progressivement modifié en transformant la modalité dialogique qui devrait le sous-tendre en une modalité hologrammatique. Cela signifie que, tout comme un hologramme où le tout est dans la partie qui elle-même est dans le tout, chaque sphère prétend inclure la société tout entière dans son périmètre de fonctionnalité. Dans cette perspective, il existe toujours un principe d'unité mais qui est diffracté en une multitude d'unités d'origines diverses. Chaque sphère projette son unité de la société en fonction de sa logique particulière. La politique n'échappe pas à cette règle.

Quelle valeur accorder alors à une représentation de la société qui n'est que le reflet projeté par une sphère parmi d'autres ? Longtemps la politique, puis l'économie, ont projeté sur la société prise, dans sa totalité, leur logique prépondérante. Aujourd'hui, ce sont les médias qui se mêlent à cette compétition. Demain la science, la santé, ou la religion, ou l'art, pourront tout aussi bien le faire. Quand une partie se prend pour le tout, elle occulte une spécificité de tout système social complexe : l'interdépendance et l'intrication de fonctions diverses. S'il y a crise de la politique, aujourd'hui, c'est à cause de l'impossibilité de définir parmi les sphères fonctionnelles celle qui assure le rôle dominant. Mais cette question est vaine car, définir une sphère plutôt qu'une autre, est contraire à la caractéristique des sociétés complexes dans lesquelles nous vivons. Aucune ne peut jouer, avec une légitimité incontestable, le rôle de créateur, de clé de voûte et de protecteur de l'unité de la société.

Le politique post-héroïque est celui qui saura coordonner et intégrer ces différentes sphères spécialisées tout en régulant le mouvement centrifuge de leurs possibilités. La tâche est particulièrement difficile parce que chaque sphère fonctionnelle accroît sans cesse son autonomie et produit, par sa structure même, une quantité toujours plus grande de possibilités[38]. Ce phénomène accroît l'impression de complexité – voire de confusion – de l'ensemble sociétal. Les sphères fonctionnelles multiples et nombreuses produisent une surabondance de sous-systèmes fonctionnels et de possibilités, chacune dans leur domaine. L'exemple le plus trivial est celui de la sphère médiatique informationnelle qui atteint quasiment un seuil de saturation de la production d'informations. Il en est tout autant pour la sphère législative qui produit plus de lois et de normes qu'elle ne peut en appliquer. La poussée à l'extrême de la spécialisation et de l'efficacité des sphères fonctionnelles aboutit à une situation où les turbulences, les risques engendrés et les dangers d'autodestruction conduisent à des situations incontrôlables. Cette surproduction de possibilités sans coordination ni contrainte d'un quelconque centre décisionnel extérieur oblige à être réduit à espérer que les systèmes puissent exclure d'eux-mêmes, de l'intérieur, les conduites non viables ou porteuses de risques extrêmes. De nombreux exemples peuvent être appelés pour illustrer ce phénomène : les manipulations génétiques pour la science, certains usages de l'énergie pour l'économie, le dopage pour le sport, la marchandisation spéculative pour l'art, l'enfermement dans une caste pour la politique, etc.

La tâche du politique est, dans ces conditions, de confronter les systèmes fonctionnels à leurs surcharges de possibilités et à réguler la dynamique centrifuge qui les anime. Ce dernier point est le plus sensible car chaque système fonctionnel considère la réalité selon son propre point de vue en ignorant que d'autres critères peuvent entrer en jeu. Par exemple, l'économie est obnubilée par ses propres critères de rentabilité ou d'opportunité mais a beaucoup de mal à intégrer dans sa logique les critères d'autres sphères comme l'éthique, les obligations sociales, les risques environnementaux, la santé, et bien d'autres. En général, ce n'est que quand un critère extérieur entre – presque par effraction – dans l'éventail de ceux habituellement traités par une sphère, que se dénouent des débuts d'écoute. L'exemple du réchauffement climatique est intéressant à cet égard. Tant que cette question est restée dans les sphères de l'écologie ou de la science, elle restait quasiment inaudible dans les sphères économiques ou politiques. À partir du moment, fin 2006 seulement, où l'on se mit à chiffrer le risque climatique[39], la sphère économique commença alors de s'intéresser plus sérieusement à cette question et à y voir non seulement des risques mais aussi des opportunités de développement et de nouveaux marchés potentiels. Pour ce qui est du politique, on peut dater à 2004, au moment de la publication d'un rapport destiné au Pentagone[40], l'intérêt généralisé pour cette question climatique, considérée dès lors comme un réel risque géostratégique et un danger pour la paix dans le monde.

L'autre exemple de compétition titanesque des sphères entre elles est celui de l'économie de marché

et de la démocratie. La concurrence, le désir de consommation, l'existence d'une monnaie, la protection
de la propriété privée, la circulation des biens et des
personnes, toutes ces libertés exigent la mise en œuvre
de pratiques démocratiques. De ce fait, marché et démocratie forment un couple indissociable. Mais,
comme dans tout couple, les relations équilibrées ne
sont pas éternelles, et l'un finit toujours par emporter
l'ascendant sur l'autre. D'autant plus que ce couple
s'avère très vite mal assorti. Le marché promeut l'individu, consommateur de produits de plus en plus
personnalisés, exigeant une pratique privative. La démocratie suppose au contraire la vie de la collectivité
et des services publics. L'un cherche à s'affranchir des
frontières nationales pour glisser dans un monde lisse,
sans aspérité ; l'autre cherche à définir les limites ter-
ritoriales de son action. Le premier recherche la satis-
faction de l'individu alors que le deuxième membre du
couple s'attache à faire accepter par la minorité les décisions de la majorité. L'un a pour ambition la réussite
individuelle et creuse les inégalités alors que l'autre est
tendu vers l'intérêt de vivre ensemble harmonieuse-
ment. L'un veut le laisser-faire, l'autre la régulation.

Le mécanisme de ce rapport inégal de forces est
relativement simple ; il ne tient pas à une force supérieure machiavélique qui tirerait les ficelles, il n'y a pas
de *deus ex machina*. Il y a en revanche des lois naturelles.
Un individu est plus souple, plus rapide dans l'exercice
de la mutation qu'une masse collective ; le marché
donne la primauté à l'individu, à l'initiative privée

alors que la démocratie doit mettre en œuvre des processus lourds et complexes pour modifier la trajectoire de l'action. Dans un cas nous sommes en présence d'une physique moléculaire, souple, changeant facilement d'état ; dans l'autre cas, nous avons affaire à une physique lourde, massive, évoluant sur des aires longues. Autre loi, celle de l'espace. Le marché s'affranchit des frontières, des États et des territoires, il traverse par flux de biens, de personnes, d'idées, de modes, la planète tout entière. La démocratie, au contraire, a besoin d'un État-nation pour fonctionner, assis fermement sur un socle territorial et institutionnel.

La suprématie du marché sur la démocratie est aujourd'hui telle que le marché prend la liberté de se passer de la démocratie pour fonctionner. L'*hypermonde* actuel est presque entièrement soumis aux lois du marché, mais la moitié de la planète est encore régie par la dictature ou le totalitarisme. Cet affaiblissement de la démocratie s'opère par le jeu de forces exogènes et endogènes. La pression de l'extérieur est celle des acteurs économiques du marché mondial. De nombreuses entreprises géantes sont aujourd'hui plus puissantes que les États. Ces entreprises sont transnationales ce qui veut dire qu'elles n'ont ni territoire ni localisation ; leur espace est le monde dans lequel les États ne sont que des lieux de passage ou des zones de localisation mises en concurrence. La suprématie du marché sur la démocratie réduit progressivement la part de régulation des États-nations forcés de laisser en jachère ou de privatiser des pans entiers de leurs

anciennes prérogatives : inégalités économiques gran-
dissantes de leurs citoyens, accès aux services publics,
assimilation de leurs minorités, sécurité extérieure. Suprématie qui prend des allures de cynisme quand la
crise oblige les États, pris en otage, à financer les
pertes des marchés.

L'affaiblissement de la démocratie provient aussi
de forces intérieures à elle-même : elle est minée par
la conception de l'individu formalisée par le marché
économique. L'Individu est un concept récent. Il se
situe dans le contexte de la quête moderne de l'autonomie qui, au-delà de ses aspects politiques, juridiques
ou historiques apparents, est déterminée fondamentalement par les processus économiques. Certes, les sociétés de marché reconnaissent l'émancipation de
leurs membres plus que tout autre type de société.
Mais cette émancipation n'est accordée qu'en fonction des intérêts du marché lui-même; elle lui accorde
des droits en échange d'un seul devoir : participer à la
bonne marche des affaires. C'est ainsi que l'individu
devient consommateur, usager, travailleur, producteur
et perd de plus en plus les dimensions politiques de
son individualité comme la culture, la citoyenneté ou
la nationalité.

Associé à une démocratie anémiée, profitant de
la grande confusion hyperinformationnelle, le marché
sombrant dans l'*ubris* et la cupidité, illusionne son
monde. Malgré les crises, malgré les désastres humains
qu'il provoque, le marché demeure encore incontestable, indéniable, clos sur lui-même et sur ses propres
forces, seule représentation possible du réel.

Les sphères fonctionnelles n'ont ainsi aucune loyauté par rapport à la société. Ce sont des systèmes clos qui ont leur propre logique de fonctionnement, de développement et de reproduction. C'est précisément cette incapacité de percevoir la totalité qui fait, paradoxalement, leur efficacité. Le politique post-héroïque ne cherchera donc pas à mener une tâche impossible en tentant de réguler, de l'extérieur, les sphères fonctionnelles, par nature closes sur elles-mêmes. Pas plus qu'il ne pourra s'arroger la prétention d'être le garant d'une unité générale contre des intérêts particuliers. Le politique post-héroïque ne peut prétendre être le représentant de l'unité de la société tout simplement parce que cette unité n'existe pas et parce que la prédominance hiérarchique a disparu avec l'émergence des systèmes complexes.

Cette question de la recherche d'un point exogène capable d'apporter de l'ordre dans la complexité n'est pas nouvelle ; c'est une véritable quête du Graal qu'ont mené de nombreux penseurs à travers les époques. En son temps, Leibniz avait observé que les monades « n'avaient point de fenêtres » et ne pouvaient communiquer entre elles[41]. La recherche d'une entité capable de donner un ordre, une programmation de l'ensemble des monades, a donc stimulé tous les grands esprits. Est-ce Dieu, « la main invisible » d'Adam Smith, « la ruse de la raison » de Hegel, l'ho-

lisme ? Nombreux sont ceux qui ont cherché une illusoire structure de la totalité, un point fixe extérieur.
Jacques Derrida, dans sa démarche déconstructiviste
se demandait ce qu'il adviendrait si l'on s'ôtait de la
tête l'idée qu'il puisse exister ce point fixe, cette
« structure centrée ». Sans clé de voûte, le système
s'effondre-t-il ? Le cri de Nietzsche « Dieu est mort »
appelle-t-il le chaos éternel, la fin de la beauté du
monde, de son sens et de son but ?

La théorie de la complexité apporte une réponse
innovante à cette angoisse : remplacer ce point fixe
extérieur de la monadologie, qui s'avère illusoire, par
un point fixe endogène, produit par l'action des
hommes à l'intérieur des sphères elles-mêmes, mais
qui, par un mécanisme d'auto-extériorisation, se présente comme un point de référence extérieur, capable
d'orienter l'action.[42]

L'ordre et le désordre apparaissent alors comme
la manifestation d'un même mécanisme, le passage de
l'un à l'autre correspondant à la substitution d'un
point de vue fixe endogène par un autre. Il n'est alors
plus nécessaire de faire appel à des « ruses de la raison » pour penser l'ordre ni de craindre le désordre,
qui peut parfois s'organiser en formes stables. Cette
question n'est pas seulement philosophique ; elle est
le nœud de la métamorphose du politique.

Montesquieu, dans sa théorie de la séparation
des pouvoirs, avait magistralement démonté les
rouages de cette problématique de l'auto-extériorisa-

tion du social. Jean-Pierre Dupuy nous rappelle en effet que selon l'auteur de *l'Esprit des lois*, le pouvoir est nécessairement destiné à être abusé et à s'opposer ainsi à la liberté. Il doit donc être divisé afin de se neutraliser lui-même et se rendre impuissant. Mais, si les trois pouvoirs – exécutif, législatif, judiciaire – s'empêchent mutuellement, qui va décider ? Hobbes et Rousseau répondraient « le Souverain ». Montesquieu, en visionnaire des théories complexes les plus actuelles, propose une autre réponse : « Ces trois puissances devraient former un repos ou une inaction. Mais comme, par le mouvement nécessaire des choses, elles sont contraintes d'aller, elles seront forcées d'aller de concert. »[43] Ce que nous explique ici Montesquieu, c'est que les décisions doivent être prises, mais qu'elles le seront par le jeu des procédures de négociation, de recherche de compromis, entre des pouvoirs antagonistes. « Il se peut que la décision finale ne corresponde à la volonté d'aucun d'entre eux, ou même soit contraire à chacune de ces volontés. Il y a bien une décision collective, mais aucune entité, pas même la « collectivité », ne peut en être dite le *sujet*. »[44] Un ordre collectif peut ainsi naître indépendamment de la volonté des individus et sans pour autant nécessairement résulter de la volonté d'une entité supra-individuelle. Dans ce processus caractéristique d'innovation ouverte, le social s'est ainsi auto extériorisé.

Le politique se situe désormais à un autre niveau, celui du contexte social ; il dessine dans la réalité complexe, des espaces d'autonomie et des axes de coordination. Il met en œuvre une politique réflexive c'est-à-dire une politique qui permette à chaque système fonctionnel de s'auto-extérioriser, de se situer non pas par rapport à une unité ou à un ordre préétabli, mais par rapport à un contexte mobile et changeant, que le politique post-héroïque est le seul à devoir identifier et désigner à toutes les parties. C'est dans ce contexte que se situent les individus, ces êtres humains multiples qui composent la société et qui forment « les limites problématiques »[45] des différents systèmes fonctionnels.

Par cette politique réflexive[46], les systèmes fonctionnels sont incités, par le politique, à prendre conscience qu'ils sont des éléments importants de l'environnement des autres systèmes sociaux avec lesquels ils interagissent, de la société en particulier et du monde en général. Le politique post-héroïque s'efforcera en conséquence de démontrer que les mécanismes d'autorégulation habituellement mis en œuvre par les systèmes fonctionnels pour eux-mêmes, peuvent être développés également, avec la même efficacité et dans un jeu à somme non nulle, aux dynamiques externes qui lient l'ensemble de la société et qui font son environnement. Cette nouvelle dimension du politique réduit certes ses possibilités de diriger et de commander autoritairement les structures de la société ; en revanche elle lui confère une fonction

créative majeure qui ne pourra que grandir son importance : celle de structurer, dans une exigence réflexive,
la forme sous-jacente permettant aux contenus de la
société de se déployer.

CREATIVE POLITIQUE !

II

Art de la politique créative

Il n'existe aucun plan préétabli, aucune stratégie possible, permettant de se diriger dans les arcanes de l'incertain et de l'aléatoire. Dans un environnement complexe, nul schéma d'action ne peut être dessiné avec certitude. En ce sens, la politique métamorphosée appelle plus l'*art* que la stratégie. En revanche, on peut disposer d'une méthode, c'est-à-dire d'un *modus operandi* permettant de discerner des réalités cachées. La méthode de Marx, consistait à inciter à apercevoir, sous le vernis d'une société homogène, la réalité des antagonismes de classes. Celle de Freud était d'aider à révéler l'inconscient tapi derrière le conscient et prendre la mesure des combats à l'intérieur du Moi. La métamorphose de la politique créative met en évidence une méthode[47] : celle que nous désignons par le vocable d'*open innovation* et qui consiste à briser les cercles clos, à réenclencher les articulations entre ce qui est disjoint, à comprendre la multidimensionnalité, à penser avec la singularité, avec le local, sans jamais oublier la totalité. Cette totalité, appréhendée comme étant à la fois une vérité et une non-vérité, est l'horizon de l'action, le ciel étoilé qui aide le voyageur à se repérer et orienter ses pas. A lui donner le sens. Nietzsche dira, plus impérativement : à « introduire un sens »[48], pour forcer les étoiles à graviter autour de soi[49].

Aucune société ne peut s'opposer à l'émergence de sphères fonctionnelles différenciées, au mouvement centrifuge de rationalités autonomes, au dé-

ploiement de possibilités toujours plus larges et dé-
centralisées. Nier cette réalité reviendrait à une simplification non seulement abusive mais extrêmement
dangereuse. La différenciation et l'hétérogénéité des
sociétés complexes sont aussi les tributs qu'il faut
payer pour préserver les libertés individuelles. La gageure du politique post-héroïque est de penser son action en ménageant les pluralismes et les mouvements
centrifuges d'entités sociales multiples tout en se faisant le gardien et le défenseur incontestable des libertés de chacun. Le politique rêve peut-être d'une société plus simple, plus unie et dédifférenciée. Ce rêve,
s'il devenait réalité, se paierait au prix d'une régression
et d'un retour insensé à des temps où une seule fonction – politique, économique ou religieuse – avait la
primauté sur la société. Certains pensent, chez les
communautaristes aussi bien que chez les populistes,
que le retour aux valeurs et aux normes permettrait
enfin de reconstruire l'unité perdue. Le problème est
que les valeurs globales, les intérêts généraux, sont eux
aussi frappés par l'hétérogénéité. Chacun des systèmes fonctionnels qui habitent nos sociétés possède
ses propres valeurs de référence, ses idéaux pour lesquels il vit, ses intérêts qu'il défend farouchement. Le
politique qui chercherait à réduire ces divergences et
les inévitables volontés d'hégémonies des sphères
fonctionnelles les plus puissantes se heurterait à un
mur de résistances[50]. Les sphères les plus importantes
entendent toujours s'arroger un caractère incontour-
nable pour contrôler le fonctionnement des autres
sphères en y imposant leur propre « codage »[51], ou

langage du monde. Le système politique est lui-même traditionnellement confronté à ce jeu de compétition, ces rapports d'interdépendance et aux « querelles de frontières » avec la sphère économique par exemple, sur les questions touchant à l'interventionnisme étatique. La question qui se pose est plutôt de savoir comment le politique organise les différences et tisse les liens complexes de la société polycentrique.

Le dilemme de l'homme politique des sociétés complexes est qu'il doit être le garant de la différenciation, mais que cela ne le condamne pas pour autant à l'inaction ou à l'impuissance ; au contraire, car il a pour mission capitale de s'efforcer –comme Freud ou Marx l'ont fait dans leurs domaines – de révéler à chaque sphère sociale ce que sa clôture sur elle-même coûte à l'ensemble et, *in fine*, à elle aussi.

Dans cette logique créative, le politique métamorphosé prend une modalité singulièrement nouvelle : celle de s'autolimiter, de décentraliser son pouvoir et de se positionner dans une *distance* qui lui donne la légitimité de réconcilier les divergences et de sauvegarder la cohérence de l'ensemble. Cette distance, Helmut Willke l'appelle l'*ironie*[52]. Le politique post-héroïque est ironique, au sens où Socrate entendait ce terme[53]. L'*eironeia*, c'est cette ignorance feinte, cette ruse rhétorique que le philosophe adopte pour mieux faire ressortir les incohérences, les faiblesses et les erreurs de l'autre. La posture ironique tend à mettre en

lumière les différences des sphères fonctionnelles di-
vergentes, d'une part, et les contraintes de la totalité,
d'autre part. Le travail du politique consiste à favoriser
l' « éclaircissement des boîtes noires »[54] c'est-à-dire la
révélation d'informations sur les manières de pensée
et d'agir, les objectifs, les priorités, les intérêts des différentes entités fonctionnelles et sociales, de manière
à assurer le mieux possible la compréhension des positions des uns et des autres. Cette démarche d'open
innovation conduit le politique à envisager la mise en
œuvre, au-delà des questions rebattues d'interventionnisme ou de libéralisme, d'un équilibre nouveau entre
le privé et le public. Mais il doit aussi être amené à
reconsidérer les champs de ses interventions traditionnellement bien délimités mais qui deviennent aujourd'hui, pour nombre d'entre elles illégitimes, inefficaces et redondantes.

L'Histoire et la stratification des habitudes ont
progressivement chargé le politique des États démocratiques modernes de tâches de plus en plus multiples, qui l'alourdissent et rendent son action singulièrement inefficace. Cette surcharge pondérale du
système politique – exactement comme pour les individus souffrant d'obésité – est le symptôme d'une
perte de sens, d'une fuite devant la réalité et sa complexité, d'une boulimie de vide. Le politique doit gué-
rir de cette maladie et adopter un régime sévère ; il n'a
pas d'autre choix que de s'autolimiter pour gagner en
valeur, en lucidité et en légitimité. L'autolimitation du

politique ne doit pas pour autant signifier la dérobade devant les autres pouvoirs et les autres forces qui composent l'environnement des sociétés. La limitation du politique n'est pas celle des ultralibéraux rêvant d'un monde sans État, un monde lisse et sans obstacle. La limitation de la surcharge du politique est un combat contre l'irrationalité du politique. Il le contraint à se recentrer sur l'important, l'essentiel, sur ce qui est du domaine de la sauvegarde – au sens vital du terme – de l'intégrité de l'humain et de son environnement. Le politique post-héroïque doit abandonner sa prétention illusoire de garantir le 'bien commun' entendu comme une valeur abstraite et virtuelle ; il doit notamment restreindre son cercle de compétences sur le centre précis et identifié des *biens* fondamentaux. Nous reviendrons sur ce point dans un prochain chapitre.

Les sociétés dans lesquelles nous vivons ne peuvent plus être simplement considérées comme des agrégations d'individus isolés; les individus eux-mêmes ne sont plus identifiés dans des classes closes. Ils ont des appartenances multiples à différentes sphères fonctionnelles, qui reflètent chacune une identité particulière du même individu. Et chaque individu peut actualiser telle ou telle identité, quelquefois sans se rendre compte qu'il le fait au détriment d'une autre. Les sociétés complexes sont travaillées aussi par la reconnaissance de différences, de biens collectifs, d'opportunités et de risques non seulement communs mais globaux. La sphère individuelle s'est ainsi extraordinairement élargie. Si l'on emprunte le langage des spécialistes des systèmes, on dirait que des 'propriétés émergentes' de plus en plus nombreuses apparaissent. Ces propriétés participent de mécanismes de « montée en généralité »[55] qui dépassent les individus et qui interdisent désormais de fonder une méthode politique sur les seuls droits individuels.

L'émergence des problématiques du changement climatique, de la pauvreté, de l'épuisement des ressources ou des manipulations génétiques pour ne citer que quelques-uns des risques majeurs qui menacent, ne peuvent trouver de solutions dans la seule logique du marché fondé sur les biens individuels et le rétrécissement du temps sur l'immédiat. Ces problèmes exigent une méthode politique nouvelle, qui assimile la temporalité (c'est-à-dire la mise en perspective du présent dans le futur, dans un temps long) et la prise en compte de la multidimensionnalité des facteurs. Cette méthode politique implique la nécessité d'intégrer des dimensions qui transcendent les individus et qui appréhendent des dynamiques nouvelles. Elle doit s'attacher à mettre en évidence les dimensions complexes qui entrelacent les sphères fonctionnelles traditionnelles et la société dans son ensemble et qui lient de façon irréductible le particulier au général, le local au global, l'individu à son devenir en tant qu'humain.

Le politique post-héroïque est ainsi conduit à se mettre dans une position dégagée des contingences habituelles, surchargées et immédiates de sa fonction. Le renoncement à la toute-puissance étatique et les efforts du politique post-héroïque de faire participer dans une démarche co-créative *ouverte* un nombre toujours plus grand d'acteurs sociaux et d'entités fonctionnelles diverses dénote un passage effectif vers un modèle transversal de politique publique. Certes, le risque principal de ce modèle concerne la légitimité. En effet, la légitimité des procédures politiques mises en place repose essentiellement sur la bonne volonté des différents acteurs, sur leur acceptation ou non, sur leur adhésion aux décisions prises ou sur leur volonté effective de les mettre en œuvre concrètement sur le terrain. Si l'on parle dans le langage des spécialistes des systèmes, on pourrait dire que l'*output* est plus légitime que l'*input*. Il y a donc bien là un risque que se substituent, à la légitimité démocratique globale, des formes de légitimation sectorielles, locales ou corporatistes.

Pour réduire ce risque de blocage, le politique des sociétés complexes doit adopter une position qui lui offre un regard surplombant mais non hiérarchique et une légitimité fondée sur la capacité à faire agir plutôt qu'agir. À faire voir et comprendre, à écouter et entendre, plutôt que décider et imposer sur les fondements de ses seules certitudes et son aura d'incontestabilité. Il lui appartient d'asseoir sa légitimité non pas sur la pertinence des « inputs » ou l'efficacité des « outputs », mais sur le fondement de sa capacité à élaborer des procédures innovantes de réflexion et de supervision. Pierre Rosanvallon parle à juste titre de dimension cognitive de la démocratie : « Il y a là une dimension fondamentalement « cognitive » du politique : il s'agit de produire la cité en l'aidant à se représenter, de la mettre en permanence face à ses responsabilités, de lui permettre d'affronter lucidement les problèmes qu'elle doit résoudre. »[56]

La légitimité du politique repose alors sur sa capacité à rendre le monde intelligible d'une part et d'autre part, à donner aux citoyens les outils d'analyse et d'interprétation leur permettant de se diriger et d'agir efficacement.

III

Open innovation politique

« Il n'y a rien de pire que ceux qui veulent faire le bien, en particulier le bien pour les autres. Il en est de même de ceux qui 'pensent bien'. Ils ont l'irrésistible tendance à penser pour et à la place des autres. Caparaçonnés de leurs certitudes, le doute ne les effleure pas.» Ces mots, qui introduisent l'ouvrage de Michel Maffesoli *La part du diable*[57], traduisent bien la part d'ombre insidieusement cachée sous les meilleures intentions. Quand une société est complexe et capable de partager les savoirs à la vitesse de la lumière sur des milliards d'écrans de toutes tailles, les pouvoirs – qu'ils soient ceux des sphères fonctionnelles ou ceux du politique – sont contraints de renoncer à la prétention de détenir la solution juste, la vérité du monde. Ils sont inévitablement conduits à reconnaître les dépendances réciproques qui les lient et la vanité ainsi que le danger des certitudes unilatérales. Cette modification fondamentale de la perception du pouvoir traduit, à l'âge de l'hyperinformation, l'inanité des modèles classiques dans la conduite de la complexité. Un ordre politique hiérarchique est incapable de gouverner efficacement une société fondée sur le partage des connaissances et la différenciation fonctionnelle. Il est impossible de conduire une société de cette nature à partir d'une position centrale, en ayant recours à des procédures hiérarchiques fondées sur la seule autorité. En soumettant la réalité complexe à une organisation bureaucratique pyramidale, les politiques hiérarchiques aboutissent à des simplifications qui asphyxient l'imagination et la créativité, qui entravent l'agilité dans la réaction aux opportunités, qui noient la finesse des informations innovantes. Cela ne signifie pas pour autant qu'il faille tragiquement se résoudre à adopter une attitude passive, en retrait, par rapport au fonctionnement de la société et des sphères fonctionnelles qui l'animent. Le politique post-héroïque, au contraire, utilisera ce changement majeur de paradigme du gouvernement pour apporter une autre dimension à son action.

Il n'est pas inutile de rappeler, une fois de plus, que les systèmes fonctionnels, qui sont le propre des sociétés complexes, n'ont aucune loyauté à l'égard de la société. En effet, ces systèmes n'ont aucun intérêt à coordonner leur action avec celle des autres. Ils n'y ont pas intérêt mais, de surcroît, ils sont incapables, fonctionnellement, de le faire. La raison de ce caractère est très simple : un système fonctionnel est par nature clos sur lui-même et sur sa propre efficacité. Il lui est donc parfaitement impossible de prendre en considération ce qui ne dépend pas de lui et d'observer les effets de ses actions sur les autres et sur la société en général. S'il le faisait, il s'autolimiterait lui-même et risquerait de compromettre sa propre existence. Si le système fonctionnel de la santé (les médecins par exemple) se préoccupait du coût induit pas sa pratique ou par ses recherches et ses découvertes, il ne pourrait plus fonctionner efficacement. Le coût de la santé fait partie de la sphère économique et non de celle de la santé. L'une et l'autre sont hermétiques entre elles. Les systèmes sociaux sont autoréférents, c'est-à-dire qu'ils se réfèrent exclusivement à eux-mêmes et considèrent leur environnement de leur seul point de vue. De surcroît, chaque système fonctionnel possède son propre langage. Par exemple, les normes de droit sont le langage exclusif de la sphère juridique. Ce système rigide et formel ne peut, à moins de modifier lui-même ses frontières, accepter l'intrusion d'un autre langage comme les « jugements de valeur » dans la notification de ses actes[58]. Cette clôture du code par le langage est ce qui garantit une sécurité juridique incontestable et l'absence – en théorie – de prise de décision sur la foi d'une « ambiance » sociétale. Le système juridique ne peut ainsi se reproduire sur la base d'un autre code que le sien. Le langage – le code – de la sphère économique est l'argent ; en aucun cas ce code ne pourrait régir les conduites des acteurs de la sphère juridique, par exemple. Chaque système est ainsi clos sur sa fonction et son code. Chaque système est, de plus, seul juge de la prise en compte des effets de ses actes sur les autres systèmes. Ainsi, la sphère économique provoque inévitablement une cascade d'influences sur les autres systèmes sans que ceux-ci aient la possibilité d'y répondre directement. Chaque système est seul à décider de l'opportunité d'une éventuelle adaptation.

Une clé de solution, pour faire cesser cette imperméabilité entre sphères fonctionnelles et réduire leur aveuglement réciproque, se trouve dans les sphères elles-mêmes. La cécité sélective cesse quand un système comprend que l'environnement extérieur n'est pas quelque chose qui lui est étranger et qu'il a un impact (négatif ou positif) sur sa propre existence. Niklas Luhmann appelle *réflexion*[59] cet élargissement de la perspective d'un système qui consiste dans la prise de conscience de son identité non seulement par rapport à lui-même mais aussi par rapport aux autres et par rapport à son identité future. Dans l'hypothèse où les systèmes fonctionnels seraient capables de cette vertu, on comprend aisément que leur coordination et leurs mises en relation se ferait naturellement. En quelque sorte, ils s'autogouverneraient. Nous serions ici dans un cadre où il serait parfaitement inutile de procéder, de l'extérieur à des tentatives de mises en coopération « forcée » des sphères fonctionnelles. Cette situation ne serait possible que dans le cas où les sphères fonctionnelles, prenant conscience de leur impact sur les autres sphères et sur leur environnement, s'autolimiteraient ou changeraient de mode de comportement, spontanément, en comprenant que ces impacts risqueraient de se retourner contre elles et de leur porter, *in fine*, préjudice. Il est très rare que cette situation advienne spontanément ; si elle était répandue, elle serait le signe d'un très haut degré de civilisation[60] que nous n'avons pas encore atteint. Mais, limiter ou imposer, de l'extérieur, les sphères fonctionnelles est aussi peu réaliste car une telle action ne peut être menée qu'au prix d'une simplification forcée[61] de leur complexité, ce qui porterait inévitablement atteinte à leur efficacité fonctionnelle, voire à leur existence. Le modèle des gouvernements hiérarchiques

architecturés sur une forme pyramidale est sympto-
matique d'une telle réduction forcée de la complexité.
Le politique se retrouve alors face au dilemme sui-
vant : il doit s'attacher à susciter, de l'extérieur, la mise
en œuvre d'une « réflexion » des sphères fonctionnelles, c'est-à-dire d'une coordination profitable à
tous ; mais en même temps, il doit veiller à ne pas in-
duire de manière autoritaire des simplifications préju-
diciables à l'efficacité de tels systèmes complexes.

De toutes les politiques, la politique de *coopération*
est celle qui est la plus cohérente avec la logique des
systèmes complexes. Elle suppose la mise en œuvre
de mécanismes de réduction de la complexité qui
soient réciproques c'est-à-dire acceptés par toutes les
parties. Ces mécanismes de co-création ont pour finalité, d'une part, de faire émerger une relative autolimitation, la prise en considération des autres systèmes et
d'autre part, de dégager une perspective à moyen ou
long terme. La pierre angulaire de ces mécanismes de
réduction de la complexité est la notion apparemment
triviale de *confiance*.

Nous reviendrons sur ce thème dans le prochain
chapitre mais, d'ores et déjà, on peut avancer que si la
confiance est une donnée élémentaire de la vie en société, elle est aussi la forme la plus efficace de réduction de la complexité. Dans les sociétés composées de
sphères fonctionnelles hautement différenciées, elle
est le moteur principal de la coordination. En effet, la

confiance possède une caractéristique qui la rend particulièrement opératoire dans la coopération des systèmes complexes : elle absorbe l'incertitude en la rendant tolérable. La confiance établit une relation très singulière au temps : en accordant confiance, nous anticipons l'avenir ; nous agissons *comme si* nous étions certains de l'avenir ; nous absorbons ainsi son incertitude et pouvons dès lors coopérer avec les autres, avec l'espoir d'en tirer un intérêt accru.

La coopération des systèmes complexes exige de mener une tâche particulièrement difficile qui est contraire à leur logique autoréférentielle. La coordination ne vient jamais spontanément, elle exige un effort. La confiance est ici un enjeu hautement stratégique que le politique doit se donner pour objectif prioritaire. Mais, susciter la confiance pour coordonner l'action d'entités différenciées, « égoïstes »[62] et autoréférentes exige du politique qu'il démontre son *art* plutôt que son autorité et qu'il abandonne les structures hiérarchiques lourdes et entravantes pour une organisation plus souple, réactive et mobile. En effet, quand un système complexe s'affronte à une organisation hiérarchique, l'un gagne et l'autre perd forcément. Quand deux systèmes complexes « hétérarchiques » se rencontrent et entreprennent des actions de coopération, le jeu entre eux se traduit la plupart du temps par une somme non nulle. Dans le premier cas, la hiérarchie induit des rivalités et des tensions concurrentielles, des étapes improductives et coûteuses. Les procédures de contrôle s'alourdissent, la confiance n'étant pas utilisée comme facteur principal de réduction du complexe. En revanche, dans le deuxième cas, celui de la coopération de systèmes non hiérarchiques, chacun voit son propre intérêt dans l'intérêt de l'autre et de la totalité. De ce fait, les relations qui s'organisent sont plus partenariales, chacun acceptant d'apporter sa contribution pour améliorer le fonctionnement de la coopération. La logique de ce type d'actions, propres à l'open innovation politique, est la décentralisation et la mise en réseau des savoirs dans le but d'accroître les effets positifs pour chaque partie et pour l'ensemble du système. Dans ce cadre, la confiance joue pleinement son rôle de réducteur de complexité et permet à chaque partie d'accepter les risques en contrepartie de la perspective d'un avantage futur. Nous nous situons ainsi dans une stratégie donnant-donnant[63] où chacun sait qu'il peut, un jour, être gagnant.

Cette stratégie est très exactement celle qui émerge déjà dans le cerveau global rudimentaire qu'est Internet. La technologie du *peer-to-peer*, par exemple, n'est rien d'autre qu'un processus de coopération généré comme spontanément. Ce qui rend l'émergence de la coopération possible c'est l'existence, aux yeux des participants, d'une « ressource mise en commun ». Elle est le capital social du superorganisme, considéré comme un bien appartenant à tous. Chacun a donc intérêt à le faire fructifier, et à autoréguler et sanctionner les pratiques déviantes. Dans ce cadre, la confiance, qui est la clé de voûte de la coopération, est sous-tendue par le concept de « réputation ».

Ebay, pour prendre un exemple parmi de nombreux autres, est un des sites les plus visités au monde. Pour que le système fonctionne, c'est-à-dire pour que les internautes acceptent d'acheter un objet à quelqu'un qu'ils ne connaissent pas, *Ebay* a mis en place un système de réputation des vendeurs comme des acheteurs. Chacun est noté en fonction de l'historique de ses actes commerciaux. Chaque acheteur peut ainsi visualiser le sérieux et la fiabilité du vendeur mais le vendeur peut aussi juger du sérieux de son acheteur. Le système, qui brasse plusieurs milliards de dollars de chiffre d'affaires, fonctionne à très grande échelle sur un mécanisme autoproduit de confiance qui démontre une exceptionnelle robustesse. D'autres exemples de ce type, à d'autres échelles certainement, existent sur le web. Ils reposent tous sur l'échange d'avis partagés en temps réel par des millions de personnes dans le monde. Le partage des connaissances en est complètement transformé. En effet, partager du savoir n'est pas en soi quelque chose de nouveau. Ce qui l'est en revanche, c'est le partage d'une confiance virtuelle. Ce mécanisme contractuel informel est le moteur du développement de la coopération sur le réseau. Il est aussi la clé de l'essor d'une intelligence collective.

Cependant, pour percevoir les intérêts positifs d'une telle stratégie, il faut que les systèmes fonctionnels concernés aient une vision suffisamment large de la perspective de leurs actions. Cette vision n'apparaît pas spontanément ; elle demande un point de vue particulier que les sphères fonctionnelles n'ont pas, car elles sont, par nature, prises dans la clôture de leur propre système[64]. Une troisième force, un *tiers*, superviseur, facilitateur ou « accoucheur », au sens de la maïeutique, est une figure qui s'avère indispensable pour mener cette stratégie et éclairer les parties[65]. C'est là où le politique post-héroïque trouve un rôle à sa mesure.

Les sphères fonctionnelles des sociétés complexes sont composées d'agents sociaux qui ne peuvent percevoir spontanément les avantages positifs de la coopération, de la co-création et de l'ouverture de perspective de leur propre champ à l'autre et à la totalité. Pour résoudre cette difficulté le politique a toujours oscillé dans son choix entre deux formules de gouvernement : la neutralité ou la planification. L'une est d'inspiration libérale, l'autre est dirigiste. Or, la pratique et l'histoire montrent que, dans la première formule, le libre jeu des agents sociaux aboutit à un type de relations essentiellement marchand dans lequel chacun recherche son intérêt immédiat. Dans la deuxième formule, l'interventionnisme excessif atrophie le dynamisme des ensembles complexes en les réduisant aux rouages d'une technostructure déconnectée de la réalité complexe de la société.

Il existe pourtant une troisième voie qui se situe entre le laisser-faire et la planification excessive. La politique post-héroïque est celle dans laquelle le gouvernement se traduit par un travail sur le contexte en adoptant la logique contre-intuitive des *effets de levier*.

Cette logique s'inspire des travaux du spécialiste des systèmes complexes, Jay W. Forrester, qui a montré que, moyennant une bonne compréhension réciproque des mécanismes des systèmes fonctionnels, il était possible de les faire évoluer quasiment sans effort, par effet de levier[66]. Cela est rendu possible parce que, contrairement à une organisation hiérarchique, dans le monde du complexe, tous les systèmes sont « emmêlés » et chacun est dépendant des autres. La conséquence de cette architecture est qu'il suffit d'en faire bouger une petite partie pour que tout l'ensemble suive. Alors que dans un système hiérarchique, dont les liens sont relativement ténus, il faut un traitement individuel de chaque agent fonctionnel pour parvenir difficilement à ébranler l'ensemble.

Cette caractéristique est essentielle pour bien comprendre la voie nouvelle dégagée par la métamorphose du politique. Pour définir un contexte commun, avec une orientation et une perspective claires, la position au sommet d'une hiérarchie quelle qu'elle soit ne permet plus d'interférer sur les entités fonctionnelles et sociales qui ont chacune leur logique propre. L'État héroïque est dans une position où il estime pouvoir agir et dominer en dirigeant la société dans un schéma d'autorité située sur un sommet hiérarchique par rapport à la société. Pourtant, il apparaît de plus en plus nettement que « l'utopie d'un État omniscient, capable de gouverner d'en haut la société de façon rationnelle a perdu toute consistance. »[67] Le politique post-héroïque se veut plus modeste mais non moins ambitieux. Il envisage l'action en se posant comme *une voix* dans le concert pluraliste de la société. Mais une voix particulière, éclairée et informée. Une voix que l'on écoutera d'autant plus qu'elle se produira à l'extérieur des sphères fonctionnelles, en supervision par rapport à elles. Supervision ne voulant pas dire position dominante située sur un sommet, mais position stratégique située dans un espace hétérarchique souple et mobile. Demander au politique de pratiquer cette forme d'open innovation, de sortir de sa position hiérarchique pour se mêler aux réseaux fluides et mouvants de la société complexe devient, aujourd'hui un impératif. Michel Foucault exprime, d'une certaine manière, cette idée : « Ce qui permet que le pouvoir reste en place, qu'on l'accepte, eh bien, c'est simplement qu'il ne pèse pas seulement comme une puissance qui dit non, mais que, dans les faits, *il traverse des corps*, produit des choses, du plaisir, des formes du savoir, des discours ; il faut le considérer comme un réseau productif qui traverse l'ensemble du corps social, beaucoup plus que comme une instance négative qui aurait pour fonction de le réprimer. »[68] Montesquieu, en son temps, ne disait pas autre chose : « Pour faire de grandes choses, il ne faut pas être un si grand génie : il ne faut pas être au-dessus des hommes; il faut être avec eux. »[69]

Cette position du politique se comprend avec la prise en considération d'une nouvelle conception de

son rôle. Dans la conception héroïque, l'État et le politique appuient leur force sur la primauté du pouvoir
étatique. Les nouvelles formes de la société complexe,
du monde ouvert, ainsi que des enjeux et des risques
globaux, exigent d'asseoir la fonction du politique – et
son pouvoir – sur un autre fondement : celui de la supervision et de l'incitation à l'ouverture et l'autorévi-
sion des décisions des systèmes sociaux, au regard de
la garantie de biens et de droits fondamentaux aux-
quels la société ne peut renoncer. Dans cette logique
hétérarchique, la définition de ces biens n'est pas une
prérogative exclusive du politique et de l'État. Elle est
aussi l'affaire des sphères fonctionnelles et des agents
sociaux compris dans un processus permanent de *démocratie collaborative*. En effet, dans une société du partage du savoir, le politique a pour mission de croiser
les perspectives internes aux sphères sociales et externes à elles. C'est ce croisement novateur des perspectives d'action, de connaissance, d'observation, qui
enrichit les critères de prises de décision de chacun.

Multiplier les perspectives et les croiser signifie
un renforcement des capacités d'observation et un
éclairage des inévitables zones d'ombres qui affectent
tout système fonctionnel. Cette démarche d'open innovation est destinée à rendre *visibles* les mécanismes
ayant abouti aux décisions des agents fonctionnels de
la société. Cette visibilité présente un double avantage : elle réactive des possibilités restées latentes ;
mais elle remplit aussi une importante fonction symbolique : celle de la prise de conscience de l'influence

de chacun sur la totalité. Benjamin Constant avait re-
levé cette dimension qui, dans l'Antiquité grecque, faisait partie du « plaisir vif et répété » de l'exercice démocratique : chacun mesurant concrètement et non
comme une supposition abstraite l'étendue de sa souveraineté. Il constatait, déjà en 1819, que l'individu
moderne « n'aperçoit presque jamais l'influence qu'il
exerce. Jamais sa volonté ne s'empreint sur l'ensemble : rien ne constate à ses yeux sa coopération. »
[70] Rendre visibles non seulement les mécanismes or-
ganisateurs de la vie sociale mais aussi faire ressortir,
pour le citoyen comme pour l'agent d'une sphère
fonctionnelle, l' « orgueil » de prendre conscience de
son importance personnelle, font partie des conséquences certes symboliques mais éminemment majeures que cherche à susciter le politique métamorphosé.

Cette fonction nouvelle du politique n'est pas
une fonction d'injonction ou d'exhortation ; si elle
l'était, elle se heurterait inévitablement aux pesanteurs
des égoïsmes. Elle n'a pas non plus pour tâche de contrôler l'opportunité ou l'efficacité d'une décision selon
des critères qui lui seraient propres. Cette fonction de
supervision implique que tous les acteurs du système
aient exprimé librement leur volonté d'être supervisés,
ce qui revient à dire qu'ils y aient trouvé un intérêt
pour eux-mêmes. Ici intervient une approche nouvelle
que le politique post-héroïque doit adopter à l'égard
de notions telles que la confiance, la vigilance et la civilité.

IV

Confiance et civilité

Confiance fait partie de ces mots qui hantent invariablement le vocabulaire de la politique. Les hommes politiques de toutes les époques en ont fait leur référence lexicale récurrente[71] si ce n'est leur slogan électoral. La confiance apparaît ainsi comme la pierre de touche de la relation entre le politique et le peuple. C'est sur elle que se fonde la détention du pouvoir, son usage et quelquefois son abus. Ce terme a pourtant été – notamment en France – assez peu étudié en politique, comme si sa définition et sa portée allaient de soi. Les recherches menées – surtout dans le monde anglo-saxon et de manière plus approfondie par Niklas Luhmann – en la matière depuis une trentaine d'années démontrent qu'il n'en est rien et que ce concept joue un rôle clé dans la compréhension des organisations complexes.

Dans la logique des systèmes complexes, la confiance est dépourvue de toute dimension morale. La confiance s'inscrit dans un processus décisionnel ; elle est un facteur permettant de mettre en œuvre un choix. En ce sens elle diffère du simple espoir qui se situe dans une logique de pari sur l'avenir dénué de tout fondement rationnel. La confiance se rapporte à un choix qui consiste à évaluer si le dommage résultant d'un bris de confiance est supérieur à l'avantage à attendre du respect de la confiance. Celui qui fait confiance sait que l'autre possède sa liberté et sa marge d'action propres, mais il se positionne par rapport à elles pour réduire l'incertitude. Alors que celui qui es-père se donne simplement une assurance contre l'in-certitude.

La confiance ne s'établit pas pour autant en sou-pesant exclusivement de façon rationnelle les élé-ments du choix. Elle peut en effet être routinière et ne pas nécessiter un exercice compliqué de conscience. La plupart de nos contemporains sortent sans armes dans la rue pour se défendre contre une éventuelle agression ; leur confiance dans leur sécurité est inté-grée tout naturellement à leur comportement sociétal. La confiance est ainsi établie comme une attente non consciente et a pour fonction de structurer et de ré-duire les facteurs de complexité de la vie en société. Dans cette situation, on comprend aisément que la confiance ouvre des possibilités d'action qui sans elle, ne seraient ni attractives ni même concevables. Si la confiance dans la sécurité de chaque individu qui cir-cule dans la rue était rompue, et qu'il faille, par exemple, s'armer pour vivre dans la société des autres, notre monde serait particulièrement invivable ou très différent de celui que nous connaissons. Pourtant, dans nos sociétés complexes, chacun a le souci légi-time de sa sécurité. La confiance, qui résulte d'un choix entre s'armer ou faire confiance dans l'autre ou dans les institutions, s'analyse alors non seulement comme une réduction de la complexité mais aussi, d'une certaine façon, comme une tension vers l'*indiffé-rence*[72]. En effet, nous savons certes qu'il y a un risque et une incertitude qui ne peuvent être éliminés, mais il n'en demeure pas moins qu'ils ne doivent pas perturber l'action, en l'occurrence la vie de tous les jours.

Cependant, qu'elle soit implicite ou explicite, la confiance n'est pas une donnée naturelle ; elle doit être apprise, elle fait l'objet d'un apprentissage qui, chez les individus, commence dès la petite enfance ; apprentissage dont les organisations complexes ne sont pas dispensées. La confiance est le fruit d'un apprentissage et les systèmes sociaux doivent aussi apprendre à faire confiance. L'apprentissage à la confiance est de même nature pour les individus et pour les organisations. Dans les deux cas, qu'il s'agisse d'un enfant dans le cadre de sa famille ou d'un système fonctionnel dans le cadre de la société, l'apprentissage est fondé sur les expériences que l'apprenant fait sur lui-même. En effet, celui qui apprend la confiance part de lui-même pour généraliser son expérience aux autres. C'est parce qu'on lui fait confiance, qu'il peut être amené à faire confiance aux autres. C'est la raison pour laquelle la confiance est de nature fragile car elle est toujours projetée, en retour, sur un environnement[73].

Les personnes ou les institutions à qui l'on accorde confiance acquièrent ainsi un statut relativement précaire, très sensible aux moindres perturbations, chaque événement étant jugé à l'aune de la confiance donnée. Tout ce qui arrive est dès lors perçu comme un symptôme et se voit accorder une importance particulière. Le moindre événement isolé prend une importance déterminante, comme s'il s'agissait d'un test. Le mensonge, la maladresse de présentation, le moindre défaut inhabituel prennent une acuité implacable remettant en cause l'ensemble de l'édifice de la relation de confiance. Il est important de préciser toutefois que la construction de la confiance n'est pas ébranlée, voire détruite, par n'importe quelle information. En effet, la personne ou l'organisation à qui l'on fait confiance jouit d'un certain capital de crédit qui amortit les informations défavorables à la lumière de l'expérience. Dans le mécanisme de confiance, il existe un degré plus ou moins grand d'absorption des informations. On peut, en cela, parler de l'existence de seuils qui relativisent les expériences et permettent à la confiance d'agir comme réducteur de complexité. La méfiance absolue étant à cet égard un facteur important de complexité et d'inconfort.

La confiance suppose ainsi une élasticité dans la tolérance qui n'est rendue possible que par l'existence de seuils, c'est-à-dire de modalités de comportements symboliques qui soient suffisamment clairs et définis. Dans ce cas, la perte de confiance, quand elle advient, ne repose pas sur le jugement par rapport à une réalité bien trop complexe, mais sur une construction symbolique qui n'a pas à être expliquée. Elle opère sans discussion ni justification. La confiance est donc indissociablement liée au contrôle, mais à un contrôle qui ne repose pas nécessairement sur des faits vérifiables et tangibles, validés réellement, mais sur un appareillage grossièrement simplifié d'indices[74] qui renvoient constamment des informations servant à déterminer s'il est légitime ou non d'accorder sa confiance.

Toutefois, plus un système social se complexifie, plus les modalités de contrôle se diluent, immunisant ainsi le système des risques des déceptions individuelles et lui faisant faire l'économie de fournir sans cesse les preuves que la confiance reçue n'est pas violée. En outre, dans la mesure où le monde lui-même se complexifie à l'extrême, l'exigence de réduction de complexité fait de la confiance un présupposé de la conduite normale et rationnelle de l'existence sociale. L'apprentissage de la confiance en société conduit de ce fait à adapter son comportement non plus en fonction de la confiance individuelle que l'on apporte soi-même, mais en fonction de la confiance apportée par d'autres acteurs, par exemple, les experts. Il ne peut en être autrement dans les sociétés complexes sauf à remettre en question leur fonctionnement même. De ce point de vue, le contrôle de la confiance est ainsi non seulement délégué à d'autres acteurs qui possèdent la compétence, mais il l'est aussi à l'intérieur des sphères fonctionnelles qui réclament la confiance. Encore faut-il que les mécanismes de contrôle et de sanction y soient explicites, organisés et équilibrés, ce qui est un véritable enjeu de société.

Ces caractéristiques de la confiance systémique font apparaître le caractère obscur ou pour le moins inadapté du thème traditionnel de la confiance politique. Les appels passionnés à la confiance dans le politique en particulier, ou plus généralement dans la conduite des affaires publiques, sont devenus routiniers. Pourtant, les rapports entre les institutions ou

les acteurs politiques et les conditions pour lesquelles
la confiance se fonde sont singulièrement opaques.
Cette opacité réside dans le fait que la décision d'accorder la confiance se perd dans l'indétermination des
perspectives sous lesquelles cette confiance est accordée. L'idée de « contrat social » selon laquelle des
hommes libres se font témoignage de confiance entre
eux ou à l'égard d'un souverain ne correspond à aucune réalité. Il est vrai qu'avec le vote, le citoyen acte
sa confiance. Mais l'élection ne signifie pas que le citoyen confie un mandat de représentation de ses
propres intérêts. Le vote, dans les sociétés démocratiques, signifie que l'on charge les élus du peuple de
décider d'après les critères du bien commun. C'est
pourtant sur l'idée de contrat social que ces élus réclament, pour gouverner, un pouvoir décisionnel souverain.

Or, on ne peut faire confiance au souverain[75].
En effet, le pouvoir décisionnel ultime produit ses
propres normes et rend de ce fait impossible la fon-
dation de la confiance. Le processus décisionnel politique est particulièrement ramifié ; il intègre une cascade d'informations et de décisions plus ou moins importantes qui, à chaque étape absorbent certaines informations et excluent certaines alternatives. Ces procédures se font en général dans des cadres précis : lé-
galité, choix budgétaire, ligne directrice de programme, recherche de consensus, etc. Ces étapes sont
ouvertes à l'information et garantissent, dans une certaine mesure, l'absence d'arbitraire. Toutefois, dans le

processus décisionnel, à chaque étape, des choix intermédiaires – ainsi que la gestion du temps – affirment la souveraineté du politique. Elle n'est que rare-
ment exercée d'un seul coup, mais fragmentée en une
multitude de décisions qui diluent les présupposés sur
lesquels l'électeur a fondé sa confiance. L'un des théoriciens majeurs de la décision, Robert Dahl, avait souligné dans les années soixante/soixante-dix que le
processus décisionnel politique ainsi conçu aboutissait
à confier le pouvoir à une élite d'experts, au détriment
des citoyens cantonnés au rôle d'électeur. Le « rituel
démocratique » n'étant en tant que tel qu' « un céré-
monial qui a fini par devenir un des procédés classiques pour légitimer le leadership. »[76] La question de
la décision ainsi entendue fait apparaître un processus
dans lequel les citoyens ne participent pas. Le peuple
ne peut que voter ; ce sont ses représentants qui vont
prendre les décisions. Joseph Schumpeter, en théoricien de l'économie moderne estimera que le peuple ne
peut agir par lui-même que « lorsqu'il n'y a pas de
grandes décisions à prendre. »[77] Si l'on suit le raisonnement de ces auteurs, les modèles classiques de la démocratie deviennent anachroniques car les décisions
importantes ne peuvent être prises que par des spécialistes.[78] Le politologue italien Giovanni Sartori pous-
sera cette idée jusqu'à remettre en question la démocratie elle-même : le citoyen étant « incompétent »
dans le maniement des affaires politiques, « la démocratie est un système politique dans lequel le peuple
exerce suffisamment de contrôle pour être capable de

changer de dirigeants, mais pas assez pour se gouverner lui-même. »[79]

Face à un ordre de plus en plus complexe de traitement de l'information et de processus décisionnel, la confiance accordée par le citoyen change forcément de nature et se dédouble en deux niveaux différents d'appréciations. D'une part, le citoyen évalue sa confiance par rapport aux décisions prises et met en œuvre, pour la valider, des mécanismes d'imputation tels que le vote sanction. D'autre part, il accorde sa confiance au système politique en tant que tel, estimant qu'il est citoyen d'un pays dans lequel il mène une vie digne d'homme. La conjugaison de ces deux niveaux crée une certaine stabilité puisque le déni de confiance, jugé sur une décision, peut être relativisé par le deuxième niveau d'analyse. En toute hypothèse, cette dualité accroît considérablement la complexité de la notion de confiance par rapport aux anciennes conceptions fondant la confiance sur une seule logique personnelle accordée aux détenteurs du pouvoir[80]. Le politique héroïque établit la légitimité de son pouvoir sur la confiance que lui accorde le peuple, estimant que « l'efficacité de la démocratie dépend avant tout et surtout de l'efficacité et de l'habileté de ses dirigeants. »[81] Cette pensée est articulée sur une géométrie verticale du pouvoir, selon laquelle le politique se trouve placé au sommet d'une pyramide. Or nous avons observé que, dans les sociétés complexes, le pouvoir est différencié entre plusieurs sphères fonc-tionnelles dont certaines échappent à l'horizon du pouvoir politique. La confiance que le peuple accorde au pouvoir politique ne concerne donc qu'une frac-tion de la société dans laquelle il vit. C'est sur cette caractéristique que se forge l'opinion répandue d'im-puissance des politiques actuels et que se développe une société de défiance.

La défiance s'accroît quand la pratique verticale du pouvoir se heurte aux usages des générations les plus jeunes des sociétés. Celles-ci, parmi lesquelles fi-gurent les « *digital native* », ont, par naissance, une lo-gique de fonctionnement en réseau, c'est-à-dire hori-zontale. Habitués dès leur plus jeune âge à circuler de manière fluide et réactive dans les circuits de l'hype-rinformation, ils refusent l'obscurité et la lourdeur des cheminements hiérarchiques. Les décisions que les politiques cherchent à leur appliquer sont alors immé-diatement jugées avec défiance et suspicion. Les con-certations, les commissions, les États-généraux et autres *Grenelle* sont automatiquement entachés, car ces nouveaux citoyens savent que, *in fine*, la décision vient toujours quelque part, d'«en haut». Le hiatus des jeunes et des politiques, source de nombreuses con-frontations depuis plusieurs années, est d'abord une crise de confiance dans l'organisation même du pou-voir.

La société est composée de sphères fonction-nelles parmi lesquelles se situe la sphère du politique.

Cette organisation de la société exclut la possibilité de répartir les individus parmi ces systèmes de telle manière que chacun appartienne à un seul d'entre eux. Mais où est la société ? Où se situent les citoyens ? Sont-ils dans une sphère particulière ou se trouvent-ils placés dans toutes les sphères à la fois ? La société a-t-elle disparu ? Certes, depuis Jean Bodin, Hobbes, Hume et Locke, on évoque « la société civile » pour désigner le libre jeu d'individus associés, dont les droits sont protégés par l'État. La conception – des libéraux comme des communautaristes, d'Adam Smith comme de Hegel et, dans une certaine mesure, de Marx – est celle d'une société civile constituée sur le modèle de la sphère privée et faite de conglomérats d'individus autonomes, égocentrés et mis en compétition. Elle ne représente qu'une des versions possibles de la société civile. D'autres conceptions ont été formulées notamment dans les avatars du « retour à la démocratie » dans les pays de l'Est au moment de la chute du Mur de Berlin ou plus récemment dans les révolutions du printemps 2011 dans les pays arabes. Ces mouvements conçoivent la société civile comme le moteur de la démocratie et la clé de l'effondrement des sociétés totalitaires.

Le discours sur la société civile actuel est centré sur les formes d'actions collectives qui ne sont plus fondées sur des rapports de classe mais sur le jeu des institutions fonctionnelles auxquelles elles sont liées. La société civile est ainsi toujours pensée comme distincte de l'État et de toutes les sphères qui composent

la société. Mais cette conception ne correspond toujours pas à la réalité. En effet, et l'anthropologue Ernest Gellner[82] l'a bien montré, la société civile contemporaine est composée « d'hommes modulaires »
qui sont engagés dans toutes les sphères sociales en
même temps. Un individu est à la fois un agent économique, un citoyen, un père de famille, un vecteur
culturel... La société civile est devenue extrêmement
fluide et dynamique et l'on ne peut se contenter, pour
l'appréhender, d'en limiter la conception au simple jeu
d'une sphère privée détentrice de droits que le politique a pour mission de défendre ou de contenir.

Dans un modèle plus complexe de société civile,
les composantes publiques et associatives d'une part,
et les composantes individuelles ou privées d'autre
part, sont mises sur le même plan. Dans la société civile des sociétés complexes, les individus sont des participants qui discutent ensemble des valeurs, des principes et des besoins à satisfaire et qui méritent d'être
institutionnalisés en normes ou en biens communs[83].
La politologue américaine Jean Cohen propose une
conception très contemporaine – « post-marxiste » di-
rait-elle – de la société civile ; elle ne la conçoit pas
comme le lieu d'une lutte des classes tel que l'entendait Marx, ou comme l'espace dans lequel se déroule
la bataille entre différentes hégémonies antagonistes
comme l'analysait Gramsci[84]. La société civile ne correspond pas non plus à cette forme de « capital social »[85] décrite par le sociologue Robert Putnam, au
sein de laquelle se développerait un simple volontariat

associatif. De la même façon, la société civile ne saurait être réduite à un jeu où les associations, se plaçant en concurrence de l'État, se trouveraient alors chargées, dans une logique radicaliste libérale, de le faire disparaître[86]. Selon les penseurs de la politique se situant dans la lignée de Jean Cohen, l'enjeu est plutôt d'articuler l'État et la société et non de remplacer l'État par la société civile. Si l'on veut se situer dans la logique des sociétés complexes, on ne peut plus raisonner en termes manichéens : la société c'est le bien, l'État c'est le mal. Il convient de raisonner en termes de différenciation. La question devient alors celle de l'interrelation entre les différentes sphères sociales. Selon ce cadre d'analyse, la société civile est entendue comme une « société politique »[87] où *l'individu est non seulement porteur de droits, mais peut s'y construire aussi comme sujet de pouvoir.* Dans cette conception, le politique se métamorphose : il n'assure plus seulement les droits, la liberté ou l'autonomie d'individus privés et atomisés, il garantit également l'interaction communicative et créative, libérée du contrôle étatique, des individus entre eux, dans les sphères publiques et privées de la société. Le politique défend ainsi de nouveaux droits qui ne sont ni apolitiques ni antipolitiques ; ce sont des droits collaboratifs qui constituent les points de charnière de la société civile avec toutes les sphères fonctionnelles de la société. Ces droits ouvrent de nouveaux champs dans lesquels les acteurs sociaux débattent collectivement des questions d'intérêt commun, agissent de concert co-créent leur avenir commun et affirment des droits et des influences à l'égard de

toutes les entités sociales, y compris les sphères économique et politique.

Une telle vie civile se manifeste dans toutes les
activités de la société et plus particulièrement dans
celles qui sont orientées vers la recherche ou la pré-
servation de tel ou tel aspect de ce qui est habituellement perçu comme un bien commun. Ce type de société est construit sur des interrelations qui vont bien
au-delà des seuls intérêts individuels ou des obédiences familiales, claniques ou partisanes. Elle suppose donc un niveau de confiance mutuelle soutenu.
Alors que le politique héroïque fonde son pouvoir sur
la confiance que lui accorde le peuple, le politique
post-héroïque, conscient de la complexité des systèmes fonctionnels de la société, ne peut asseoir sa légitimité sur cette seule dimension. Il se retrouve dans
l'obligation d'intégrer, dans sa légitimité, la construction d'une confiance extrapolée du pouvoir politique
à tous les rouages d'une société de civilité.

Une « société politique » créative où règne la civilité est une société composée d'acteurs sociaux et
d'organisations fonctionnelles dans laquelle des
formes adéquates de confiance sont développées et
sanctionnées positivement ou négativement. Pour
Philip Pettit, la civilité républicaine est étroitement liée
à la vertu de vigilance[88], c'est-à-dire la vertu consistant
à demeurer averti, tout particulièrement dans les relations avec les pouvoirs des sphères fonctionnelles,
que la confiance accordée est validée. La vigilance ne

signifie pas une méfiance perpétuelle ; elle suppose simplement un niveau d'attentes extrêmement exigeant qui se traduit par la mise en œuvre de mécanismes de réflexivité, d'alerte, de contrôle mais aussi de sanctions effectives.

Nous avons observé que la réflexivité implique que les systèmes fonctionnels soient conduits, par le politique, à prendre en compte leur influence sur leur environnement humain et social et à accepter d'intégrer, en leur sein, des systèmes de contrôle explicites et organisés. La confiance résultera alors de la prise de conscience que les opérations sont produites et que les actions sont décidées toujours en comparaison avec d'autres possibilités. Cette confiance se fonde donc sur la vigilance à l'égard de processus de réduction de complexité qui soient toujours explicites et orientés en fonction de choix partagés et validés. Les sanctions agissent alors sur l'éventail des options accessibles aux agents sociaux, en rendant certaines de ces options moins attirantes qu'elles ne le seraient si les sanctions n'existaient pas. Les sanctions affectent ainsi les motivations et peuvent soit pénaliser soit récompenser.

La question de la confiance et de sa sanction n'est pas un débat théorique. Elle est au cœur de la politique post-héroïque actuelle car l'absence de mécanismes efficaces de régulation de la confiance entraîne une déstabilisation de la vie sociale dans toutes ses composantes. Son contraire, la méfiance, est à l'origine de pratiques qui ruinent le climat dans lequel évolue une société.

Le politique post-héroïque a pour tâche de restaurer un *climat de civilité* ; il ne pourra pas atteindre cet objectif s'il s'épargne l'effort de mettre en œuvre les moyens d'une vigilance à l'égard de la confiance à tous les niveaux de la société. La civilité implique ainsi la conscience de la responsabilité de chacun, quelle que soit sa fonction, responsabilité clairement reconnue, définie et affirmée, dans les relations qu'il entretient avec chacun des autres acteurs de la société. Elle suppose l'existence d'une démocratie collaborative et transparente, à tous les échelons et dans toutes les sphères de la société. Le politique post-héroïque acceptant d'en être à la fois le modèle, le sujet et l'objet, mais aussi l'inspirateur, le catalyseur et le garant. Une telle politique de confiance réciproque suppose une exigence accrue de transparence. Sans transparence, la vigilance démocratique ne peut s'exercer ; or parvenir à une société et à un système politique transparents n'est pas chose évidente car le pouvoir a toujours pensé devoir être fondé sur une asymétrie de la visibilité. Le secret est le privilège des puissants. Cette pesante habitude est compréhensible dans certains domaines très restreints comme la défense ou la sécurité, mais elle est inacceptable dans la plupart des autres activités politiques et sociales. Lutter contre ce vestige d'un monde où le politique était considéré comme un

« héros » solitaire enfermé dans le secret de ses certitudes, sera une des missions fondamentales du politique post-héroïque.

Le nouvel art de gouverner les sociétés complexes que nous décrivons implique de mettre le politique au service de la société et non de la dominer, à la manière d'une instance transcendantale. Ce changement de position topographique du politique sur la carte du pouvoir se double de surcroît d'un changement de nature. La métamorphose du politique le transforme en un instrument de réflexivité – un miroir, pourrait-on dire – de l'activité collective de la société. En lui, les acteurs sociaux et les sphères fonctionnelles se perçoivent eux-mêmes et enregistrent les avancées et les impacts multidimensionnels de leurs actions. Le politique se propose alors comme médiateur et catalyseur entre les différents acteurs sociaux ; il fournit aussi à la société un « métaniveau de réflexion » permettant à chacun de reconnaître les effets de ses actes et d'apprendre continuellement à « voir plus large »[89]. Cette visibilité élargie suppose la mise en œuvre d'une transparence institutionnalisée qui pourrait s'appliquer en priorité à quatre fonctions principales : la justice, l'exercice des pouvoirs législatifs et exécutifs, les relations entre l'économique et la société, l'impact environnemental des actions humaines.

Cette nouvelle politique ne consiste pas à simplement gouverner une partie plus ou moins grande de la société et à repérer et négocier les obstacles qui peuvent intervenir dans son déroulement, comme les événements extérieurs, les crises ou les mutations technologiques et scientifiques majeures. Le gouvernement du politique post-héroïque est aussi un gouvernement au deuxième degré, qui a pour objectif essentiel la création et le perfectionnement continu des procédures de démocratie collaborative et l'éclosion harmonieuse d'une intelligence collective vigilante, et citoyenne. Cette ambition doit être conçue à la fois comme le moyen et la fin de l'action politique. Le politique, miroir des actions de la société, permettra ainsi à la collectivité humaine, dans toute sa diversité, d'innover, de créer, de se réfléchir, mais aussi d'évoluer dans un système de relations de confiance vigilante afin de s'autoréguler et de s'autoperfectionner. Les avancées irréversibles qui résulteront de cette dynamique globale seront alors inscrites dans la loi, conçue comme « la mémoire vivante d'un processus d'apprentissage collectif permanent. »[90] *Le politique métamorphosé se charge ainsi d'une tâche singulière : celle de reconstruire la notion de nation, en la fondant sur la participation du peuple à sa propre histoire[91], une histoire en devenir, en co-création, construite pierre par pierre, par l'ensemble complexe de la collectivité.* Cette construction de la nation moderne devenant alors un enjeu majeur qui sera le socle solide d'une démocratie réinventée.

V

Innovation démocratique

Dans la société complexe que nous décrivons, il faut bien comprendre que la société civile ne s'oppose pas à la sphère publique, comme la pensée libérale aimerait l'entendre. Il s'agit, en réalité, d'une dynamique dans laquelle c'est la société toute entière qui retrouve une dimension politique dont le monopole de l'État l'avait privée. Corrélativement, c'est le politique qui sort de sa sphère étatique et institutionnelle pour pénétrer l'ensemble de la société complexe, et y trouver sa place. Ce mouvement n'est rien d'autre qu'une profonde métamorphose au sens propre du terme : c'est-à-dire l'émergence d'un nouveau métasystème plus complexe et plus riche, autoproduit et autocréé, qui à la fois possède la même identité que l'ancien mais s'en diffère par de nouvelles qualités et aptitudes. Cette métamorphose est de même nature que celle de la chenille qui, entrant dans la chrysalide, va simultanément s'autodétruire et s'autoproduire dans une forme nouvelle, le papillon. Dans ce processus de métamorphose, l'État perd son statut de force sacrée, positionnée au-dessus des citoyens intégrés dans un modèle abstrait et unique. Le politique des sociétés complexes procède alors à un mouvement de bascule d'une position verticale à une position horizontale et entame une mutation de sa logique d'organisation solidement structurée vers une logique d'organisation nouvelle : transversale, fluide et réticulaire. Dès lors, la distinction entre le privé et le public n'a plus réellement de sens, le politique devant intriquer et partager, dans un schéma à « perspectives multiples »[92], ses processus décisionnels avec les différents réseaux formels ou in-formels qui constituent la société. Dans cette méta-morphose, c'est le processus démocratique lui-même qui opère sa mutation.

Cette nouvelle physique du politique présente des nœuds de résistances qu'il ne faut pas sous-esti-mer, mais qui ne sont pas inéluctables. L'un d'eux est la poussée de l'utilitarisme individuel, favorisé par l'omniprésence de l'idéologie du marché et de la con-sommation. Dans un monde où le point de mire poli-tique est perdu de vue, où les valeurs ne sont plus pro-duites par des instances consacrées, chacun tend à re-chercher son propre intérêt. La société – la « disso-ciété »[93] – se transforme alors en un immense terrain de concurrence et de compétition où la lutte pour la survie individuelle se développe sans la moindre pers-pective de bien commun.

La société de marché, de consommation, de pu-blicité, d'information et de communication a créé un individu proprement narcissique, l'Individu avec un grand i, et a enclenché le déclin inexorable de la di-mension du public dans nos sociétés. La dynamique de l'individualisation, *l'ego trip* contemporain[94], va alors se traduire par un certain nombre de franchisse-ments de seuils sociaux qui ne peuvent se comprendre que si l'on a en tête l'idée que nous sommes dans une société en mutation, au point de passage entre deux niveaux, que nous nous défaisons de l'un sans encore adhérer à l'autre. Reprendre la propriété de soi devient alors un impératif pour combler un vide, ce sentiment de n'être plus rien ni de nulle part. Cette pathologie du vide prend alors des formes quelquefois excessivement violentes. En effet, l'individu moderne, dans les tentatives qu'il mène sur lui-même, prend la liberté de se tester jusqu'aux limites de l'ivresse, de la fracture, voire de l'auto-annihilation. Cette « intensification de soi-même »[95] comme l'appelle le philosophe allemand Peter Sloterdijk, résulte non seulement d'un vide idéologique mais aussi plus prosaïquement d'un vide quotidien, d'un sentiment exacerbé d'échec et d'ennui. Ce vide désespéré –que l'on croit à tort être exclusif aux populations jeunes et marginalisées –, engendre alors des formes de haine, de nihilisme, de révolte et de rage, qui concernent tout le monde.

Nous connaissons bien cette société de « grande confusion »[96] où les inégalités et les fractures se multiplient à l'extrême et prennent des formes chaque fois singulières.

L'autre nœud de résistance à l'émergence de cette politique métamorphosée est l'apparition de phénomènes de réaction radicale que l'on avait crus dilués dans les miasmes de la vieille histoire. Parmi ceux-ci, il en est un qui revient sur le devant de la scène, doté d'une dimension mondiale : le populisme. En Russie, en Amérique latine, aux Etats-Unis, en Europe de l'Est, mais aussi en France ou en Italie, le populisme réapparaît partout. Pierre-André Taguieff en donne comme définition : « le parti du peuple contre les élites »[97]. En effet, le populisme met en relief un autre axe de fracture, un autre clivage que celui de gauche-droite ou de fascisme-démocratie. Le clivage est désormais vertical et oppose le haut et le bas, les élites et le peuple, la « bullocratie »[98] et la population. C'est sur ce clivage que se fondent les populismes de toutes obédiences, qu'elles soient libérales, nationales ou sociales. Ce phénomène ne traduit pas une opposition au politique mais un éloignement par rapport à lui et un ressentiment à l'égard de ses protagonistes, perçus comme membres d'une caste close. Les populistes cherchent alors à façonner un nouveau visage de la politique, dessiné à partir de la base, du peuple, qu'ils liguent contre les tenants du pouvoir entendu au sens large : politique, médiatique, économique, culturel. Michel Walzer note que ce radicalisme populaire reflète l'hostilité de ce que le Hamlet de Shakespeare appelait « l'insolence de la charge »[99] c'est-à-dire cette supériorité et cette suffisance de ceux qui détiennent le pouvoir.

Ces deux nœuds de résistance, l'utilitarisme individualiste et le populisme, révèlent chacun à leur façon une profonde crise de la représentation politique. Dans un cas, le politique est contesté parce qu'il entrave le libre jeu du marché et des initiatives individuelles; dans l'autre cas, le politique est disqualifié parce qu'il est trop éloigné des réalités du peuple. Dans les deux cas, ce que l'on retient de ces déviances de la politique de nos sociétés, c'est l'expression du besoin de reconnaissance d'une véritable identité, sans médiation. Cette reconnaissance, Paul Ricœur estime qu'elle emprunte un parcours en trois étapes. C'est d'abord une identification, c'est-à-dire une manière de distinguer la permanence d'une identité ; reconnaître c'est retrouver des traits familiers. C'est ensuite un discernement de sa propre identité, de ce qui définit et qui rend capable, qui définit aussi la dimension éthique de la responsabilité. La troisième étape est la reconnaissance mutuelle, « celle où je suis reconnu dans mon identité par l'autre qui en veut autant de ma part. »[100]

Dans les sociétés complexes, celles de l'accès aux savoirs et aux connaissances, celles de la multiplicité des sources d'information, celles de la fragmentation des populations et des différenciations fonctionnelles, c'est le peuple dans toute sa diversité, qui aspire à être reconnu comme *présent* politiquement. Or, plus une société revendique la reconnaissance de son identité – ou, pour être plus juste, de *ses* identités –, moins la représentation politique fondée sur la souveraineté populaire trouve sa place et sa justification. Inutile alors de s'étonner de l'effondrement des cotes de popularité de nos hommes politiques ou des records d'abstention enregistrés à toutes les élections. Le politologue Guy Hermet estime que la souveraineté du peuple prend alors figure d'illusion : « C'est la validité même du concept de souveraineté populaire sur lequel repose la démocratie qui se voit affectée par le doute. »[101]

Le dilemme décisif entre identité et représentation avait bien été souligné, en dépit de ses orientations peu démocratiques, par le philosophe allemand Carl Schmitt. Selon lui, le peuple a d'autant moins besoin d'être représenté qu'il est lui-même politiquement présent. Se situant dans la droite ligne de Rousseau, Schmitt affirme qu'il n'y a de démocratie que directe et que, dans une démocratie représentative, donc indirecte, « l'élément représentatif représente l'élément non démocratique de cette démocratie. »[102] Si l'on situe identité et représentation sur un continuum, on observera que le système politique où il y a le plus d'identité est celui où la démocratie directe est développée, alors que celui où il y a le plus de représentation est la monarchie absolue. En réalité, dans nos sociétés modernes, les deux concepts se situent en équilibre plus ou moins instable. Toutefois, si l'on prend la mise en garde de Schmitt au pied de la lettre, le régime excessivement représentatif comporte le risque de devenir « un État sans peuple, un *res populi* sans *populi*. »[103] À l'opposé du continuum, une démocratie excessivement directe n'est pas une société qui fait participer tous les citoyens à l'État au sens de la représentation, mais une société qui constitue l'identité du peuple présent à lui-même en tant qu'unité politique[104]. Dans cette position extrême, l'identité du

peuple revient à une pure abstraction. Or, les individus qui forment « le peuple » ne sont pas des entités
abstraites ; ils sont indissociables de leurs finalités et
de leurs appartenances qu'elles soient héritées ou
choisies.

Les sociétés complexes contemporaines possèdent la vertu de faire émerger des communautés et des
réseaux qui reposent sur un principe ancien et concret,
différent de celui, abstrait, de contrat social : ce principe est celui de l'*association*. La théorie du contrat social reposait sur l'idée que les individualités pouvaient
s'émanciper, s'arracher en quelque sorte à leur communauté d'appartenance pour se fondre dans une
unité nouvelle reposant sur le lien social. Les grands
sociologues tels que Durkheim ou Georg Simmel[105]
avaient bien remarqué que cette idée était une illusion
car la réalité humaine exige qu'avant le contrat, il y ait
nécessairement association et que le contrat ne fait
que la présupposer. Cette illusion a été entretenue par
les théoriciens du contrat, et notamment les libéraux,
qui ont laissé croire que le contrat dispensait de l'association. Or, si on lit Rousseau attentivement, on observera que le mot 'association' est à presque toutes
les pages de son *Contrat social* et que les mots 'contrat'
ou 'démocratie' y sont singulièrement rares. Le contrat
n'est pas fondateur de la démocratie et s'il n'y a pas
association, il n'y a pas démocratie. L'association pré-
cède le contrat et correspond à une réalité anthropo-

logique ; Bertrand de Jouvenel, dans son étude du *Contrat social* de Rousseau[106] souligne comment, selon ce dernier, les hommes étaient passés de la condition naturelle d'isolement, à l'état d'association : « Les associations d'hommes sont en grande partie l'ouvrage des accidents de la nature les déluges particuliers, les mers extravasées, les éruptions des volcans, les grands tremblements de terre, les incendies allumés par la foudre et qui détruisaient les forêts, tout ce qui dut effrayer et disperser les sauvages habitants d'un pays, dut ensuite les rassembler pour réparer en commun les pertes communes. »[107]

Rousseau a affirmé clairement que seule l'association pouvait ressouder le lien social tout en préservant l'autonomie de l'individu de telle sorte que « Chacun s'unissant à tous n'obéisse pourtant qu'à lui-même et reste aussi libre qu'auparavant. »[108] Individu et société sont donc étroitement liés ; c'est, ainsi que l'explique le sociologue Roger Sue, une erreur historique de vouloir les opposer : « Mais comment voulez-vous développer votre individualité sans la société ? Le prototype de l'individu c'est Narcisse qui se regarde perpétuellement dans une glace et qui a là peu de chance de développer son individualité. Proudhon disait que l'individu est d'autant plus libre qu'il a plus de relations sociales. On n'est jamais autant soi-même que quand on démultiplie ses rapports à la société. Il n'y a pas d'individualité dans le repli sur soi : c'est de l'égotisme, c'est le narcissisme ! L'individualité ne se développe que dans la relation à l'autre. »[109]

Le rôle politique des associations prend aujourd'hui une véritable ampleur et fait d'elles non seulement des organes de représentation nouveaux, des réanimateurs du lien social, mais aussi des acteurs porteurs de droits et défenseurs de valeurs, pouvant agir en contrepoids légitimement reconnu face aux pouvoirs. Ce mouvement devrait être apprécié par les politiques comme une opportunité et être utilisé comme un effet de levier particulièrement efficace dans leur façon de gouverner les sociétés nouvelles. Pourtant, les politiques perçoivent ce mouvement de fond comme un obstacle voire une entrave à leur action. Car, il est vrai que s'associer c'est aussi être plus fort pour s'opposer. Pour certains, c'est en effet une manière de s'insurger contre le rouleau compresseur de l'homogénéisation des sociétés et de l'individualisme de masse.

Pour exister et formaliser leurs revendications et leur action, les associations ont traditionnellement besoin d'un cadre de référence plus ou moins institutionnalisé : le parti, le syndicat, le club, la structure associative. Ces structures sont reconnues par la société et ont généralement pignon sur rue. Mais l'association d'individus peut prendre d'autres formes, plus diffuses ou discrètes qui déroutent l'action politique. Il en est ainsi des *milieux*, dont la texture souple et l'architecture informelle, n'obère en rien une redoutable efficacité dans l'action. Les milieux financiers, militants, terroristes, etc. étendent un maillage diffus dans toute la société, profitant de la « pervasivité » des réseaux pour se développer et agir.

Par surcroît, les technologies hyperinformationnelles ont fait apparaître de nouveaux modes associatifs, instantanés et hyper-réactifs, particulièrement redoutables. Les *SmartMobs*[110] sont une expression significative d'un activisme en temps réel, dont les conséquences sociales et politiques à long terme sont considérables : ils consistent essentiellement dans l'utilisation des téléphones portables pour diffuser instantanément des messages SMS appelant à des associations spontanées. La mobilisation est excessivement brève, de l'ordre de l'heure, et permet de regrouper, quasiment en temps réel, vers un lieu précis, ou dans différents lieux simultanément, plusieurs milliers de personnes associées vers un but commun, par exemple une manifestation. Il s'agit ici d'une tendance de fond qui investit tous les rouages de la société et menace in fine les pratiques gouvernementales traditionnelles. En effet, ces nouvelles formes associatives échappent aux logiques politiques habituelles ; elles ne se définissent pas par un dedans et un dehors, comme le font généralement tous les collectifs, mais par la densité des liens qui pulsent en leur sein. Elles ne se définissent pas par la nature de ceux qui les composent, mais par l'esprit qui les anime. Ce sont ces formes nouvelles que l'on voit, à différentes échelles, dans les occupations « sauvages » d'usines, de squats, de quartiers entiers ou dans les mobilisations hétéroclites pour les sans-papiers, le droit au logement ou contre les excès du capitalisme.

On assiste ainsi à l'émergence d'initiatives individuelles ou plus ou moins organisées, dans tous les secteurs du spectre politique. Ce sont les plus souvent des initiatives portées par des citoyens impliqués, avant-gardistes, qui ont la volonté de faire bouger les lignes en mobilisant leurs pairs. Ils sont innovateurs car ils explorent volontiers de nouvelles pistes, ils sont créatifs en imaginant des communautés de pairs qui valident leurs idées et leurs intentions, ils inventent des organisations, des méthodes, des lieux, des supports médiatiques et des réseaux où ils peuvent se déployer. Leur posture n'est pas nécessairement celle de la revendication ou de l'opposition, mais celle d'une volonté de co-création avec les instances décisionnelles plus institutionnalisées. Ce faisant, ils sont farouchement attachés à leur indépendance, luttant contre les dérives que représenteraient à leurs yeux toute tentative d'instrumentalisation.

Le réveil du principe d'association sous des formes multiples et souvent créatives est le symptôme majeur de cette mutation de la démocratie qui contribue à faire émerger une « société politique » ; ce phénomène intègre l'idée d'une multiplicité de représentations dans la démocratie représentative et ménage, par des organismes de représentation intermédiaire, des *passages* entre les individus et la décision politique publique. Le rôle politique des associations prend ainsi une véritable ampleur et fait d'elles non seulement des organes de représentation nouveaux, des ré-

animateurs du lien social, mais aussi des acteurs porteurs de droits et défenseurs de valeurs, pouvant agir
en contrepoids légitimement reconnu face aux
sphères fonctionnelles des sociétés complexes. Dans
ce cadre, le politique post-héroïque doit apprécier ce
mouvement comme une opportunité de mettre en
œuvre une politique créative et l'utiliser comme un effet de levier dans sa démarche de réflexivité et d'innovation ouverte.

Pour comprendre combien cette situation est
cruciale, il est nécessaire de mettre en lumière deux
phénomènes pervers que l'évolution de nos sociétés
modernes a générés et qui s'efforcent de retarder ou
d'annihiler l'éclosion d'une société politique créative.
Le premier axe de résistance est de porter à confusion
la réalité sociale – le social – dans une sphère privée
opposée à la sphère publique dont l'État détient le
monopole. Le deuxième est d'appliquer un code strictement binaire aux modalités du système politique,
notamment dans ses modalités représentatives, afin
d'en bloquer l'expression. Expliquons-nous.

Le modèle de pensée libérale contemporaine établit une stricte dichotomie entre la sphère privée et la
sphère publique étatique. Les libéraux établissent la
suprématie du privé dans l'expression paradigmatique
de « société civile ». Leurs opposants, quant à eux,
s'évertuent à défendre les privilèges de la sphère publique étatique. Les uns comme les autres sont, dans

les faits, d'accord avec cette dichotomie du privé *versus* le public, qui s'avère être, aujourd'hui, une position singulièrement difficile à tenir. Les sociétés complexes dans lesquelles nous vivons font apparaître une distinction qui n'est pas encore prise en compte dans toute son ampleur : *le social est différent du privé et se pose désormais en acteur capable d'intervenir dans le domaine public.*

Le social se distingue du privé car il est bien plus que la simple addition de comportements individuels. Il possède une dimension double : à la fois privée et publique. Chaque fois qu'un membre de la société agit dans une logique citoyenne, il devient *de facto* un participant actif de la sphère publique. On revient ainsi aux principes de la démocratie, tels que les avaient imaginés Aristote, qui affirmait que chacun doit être, tour à tour, gouvernant et gouverné. Dans la même logique, le social doit être strictement distingué de l'économique. C'est pourtant le contraire que l'on observe dans nos sociétés de marché dans lesquelles les individus de la sphère privée sont essentiellement conçus comme des consommateurs ou des producteurs, en orbite – ou plus exactement et au sens propre du mot, en *a-pesanteur* – dans la sphère d'attraction de l'économie. En réalité, le social est distinct non seulement de l'État mais aussi du marché ; car il se pose aujourd'hui en défenseur de ses prérogatives aussi bien à l'égard de l'un que de l'autre. Si l'on entend la « société civile » comme une simple agrégation d'individualités, elle ne peut alors, sous cette forme, s'opposer ni au marché ni à l'État. Elle n'est comprise que comme une juxtaposition de comportements intéressés et non comme une force de confrontation d'intérêts. L'opposition traditionnelle entre État et marché, qu'elle soit de forme libérale ou étatique, n'a aucun sens. En revanche, reconnaître une « société politique » et admettre que le social possède une réelle dimension politique, c'est accepter que son fonctionnement, notamment à travers la distribution des biens sociaux, ne se réduise ni à des mécanismes étatiques ni à des mécanismes marchands.

La deuxième tentative d'enrayement de l'éclosion d'une société politique moderne est d'appliquer un code strictement binaire aux modalités d'expression du système politique. La démocratie pourrait se définir par « la scission du sommet »[111] du système politique, c'est-à-dire par un codage du système qui l'oriente sur une différence entre une valeur positive et une valeur négative. Ce type de codage binaire se retrouve dans de nombreux systèmes fonctionnels : dans le domaine de la science avec la différence entre le vrai et le faux, dans le domaine juridique entre le droit et le non-droit, dans le système religieux entre l'immanence et la transcendance. Dans le système politique, ce codage binaire s'exprime, selon les époques et les régimes, dans la différence entre les dominés et les dominants, entre l'opposition et le gouvernement, entre les conservateurs et les démocrates, entre la gauche et la droite. Quel est l'intérêt de cette clé binaire de codage ou, pour employer un langage moins systémique et plus français, de cette bipolarisation du politique ?

Nous avons vu que, dans les sociétés complexes, la politique a du mal à prétendre être la totalité de la société ou tout au moins à la représenter. Elle est concurrencée sur de nombreux terrains et se retrouve donc dans une compétition qui peut, à terme compromettre son existence même. Le codage binaire est un moyen qui, malgré un environnement complexe, permet au système politique de perdurer dans le temps et de justifier son existence au sein de la société. Ce codage représente un intérêt très pragmatique, mais à courte vue. Il résout un paradoxe fondamental de la politique en général et de la démocratie en particulier, à savoir la coexistence de deux groupes nécessairement discriminants et souvent antagonistes : les dominés et les dominants. La distinction entre gouvernement et opposition résout effectivement ce paradoxe en permettant d'une part, que l'opposition soit toujours co-présente dans les actions du gouvernement et d'autre part, que l'opposition s'oriente toujours en fonction de ce qu'entreprend le gouvernement. Les deux positions du code binaire sont ainsi simultanées tout en étant dissociées puisque les deux ne gouvernent pas en même temps mais avec un décalage temporel. Les partis gouvernants et les partis opposants ont chacun la possibilité de changer de place dans le système en fonction des élections. Cette situation que le langage commun appelle « alternance démocratique » est le résultat d'une évolution du système politique qui opère comme un système fermé qui se code et se programme lui-même en fonction de sa contingence. C'est ainsi que le code qui prévoit que toute situation politique serve tantôt au gouvernement, tantôt à l'opposition, tantôt à « la droite » et tantôt à « la gauche », ce code garantit une relative stabilité du système en lui permettant d'être ouvert aux informations et aux événements.

L'intérêt de ce codage binaire réside en effet dans sa capacité à être sensible en permanence aux innovations et à la recherche de thèmes nouveaux offrant de nouvelles possibilités d'adaptation du système. C'est pourquoi certains pensent qu'il est consubstantiel de la démocratie ; en réalité, et c'est là que réside une des failles majeures du codage binaire : les habitudes et les attentes ont tendance à s'établir et à se rigidifier. Tout événement ou besoin nouveau qui émerge est alors envisagé selon la façon dont les structures du système binaire sont organisées pour l'assimiler et y répondre. Niklas Luhmann parle alors d'une « déspontanéification »[112] du système politique qui se ferme sur ses habitudes et ses protocoles établis. En réponse à cette calcification des structures politiques, des tentatives de « rechaotisation » du système peuvent se produire[113], mais leur choc est la plupart du temps absorbé par l'inertie que représente le code binaire du système politique. En outre, ce code binaire semble être un présupposé de la démocratie moderne. Il se traduit, au moment des élections par la présentation de programmes discriminés sur lesquels les électeurs se prononcent et forgent une décision délibérée.

Mais dans la pratique, la programmation partisane et polarisée a tendance à estomper les différences, les programmes politiques cherchant à capter l'électorat de l'autre en dédifférenciant leur offre. La distinction s'opère alors sur d'autres critères : personnels, moraux ou médiatiques. Le code binaire dans son évolution pratique contribue ainsi non seulement à « étroitiser » et banaliser l'offre politique mais aussi à écarter des possibilités de choix offertes aux citoyens, les thèmes trop controversés ne faisant pas partie de l'espace programmatique régulé par la binarité.

Ces observations contribuent à battre en brèche les modalités de la représentation politique telle qu'elle est aujourd'hui pratiquée. En effet, dans une société moins complexe que la nôtre, les grandes idéologies et les grands modèles socio-économiques sont relativement clairs. On peut alors envisager un mode de représentation qui délègue le pouvoir des citoyens à des mandataires élus, temporellement alternés selon une logique binaire. En revanche, quand la société se complexifie davantage, les modèles économiques, sociaux et politiques suivent la même tendance vers la complexité. Corrélativement, le tissu social s'enrichit de multiples sensibilités et se fragmente en autant d'identités et d'intérêts parfois contradictoires. Dans ce type de société, le modèle classique de la délégation des pouvoirs s'enraye et le code binaire du système politique, cassant par trop de rigidité, se fragilise dangereusement. Par surcroît, le retour aux principes d'association produit de nouvelles couches d'intermédiation qui ne trouvent pas de représentation explicite dans la sphère politique, créant des exigences et des frustrations de moins en moins assimilables par le système politique binaire. La pensée politique est désormais engagée à « s'affranchir de sa nostalgie pour les situations binaires et accepter la prose du monde. »[114]

Le modèle représentationnel de la république classique est ainsi nécessairement amené à devoir s'enrichir de nouveaux échelons intermédiaires de démocratie, établis temporellement et institutionnellement. Une démocratie moins obnubilée, dans ses procédures de représentation, sur l'élu politique, dépositaire – devenu non exclusif – de la souveraineté populaire. Ce nouvel esprit de la démocratie d'une société politique se cristallise aujourd'hui dans un « idéal délibératif » qui prend des formes multiples mais encore incertaines parce qu'il touche au cœur les fondements mêmes de la légitimité politique. La philosophie de la démocratie délibérative s'inscrit dans le chemin tracé par Jürgen Habermas[115] selon lequel la légitimité de la norme et de la décision politique ne peut être assise que sur un processus de délibération inclusif et équitable. Selon cette idée, tous les citoyens peuvent participer à la délibération et y coopérer librement. Cette idée est révolutionnaire dans le sens où elle s'oppose fondamentalement à la fois aux conceptions républicaines traditionnelles qui affirment le monopole de l'élu sur l'intérêt général, et aux conceptions libérales qui construisent l'intérêt général comme une agrégation plus ou moins négociée d'intérêts particuliers.

Bernard Manin, l'un des penseurs français pionniers en matière de réflexion sur la démocratie délibérative expliquait, en s'opposant à Rousseau, Sieyès ou Rawls, que : « la décision légitime n'est pas la volonté de tous, mais celle qui résulte de la délibération de tous ; c'est le processus de formation des volontés qui confère sa légitimité au résultat, non les volontés déjà formées. »[116]

Cette idée fait aujourd'hui florès au point de devenir un troublant « impératif délibératif »[117] recouvrant une multitude de procédures et de dispositifs hétéroclites : débats participatifs, jurys de citoyens, comités de sages, conseils de quartier, conférences de consensus, etc. La confusion est entretenue par les défenseurs de la démocratie délibérative qui ne font, en général, aucune opposition entre démocratie participative et démocratie représentative. Dans leur esprit, la délibération est très étroitement liée voire confondue avec l'*opinion publique*. L'idéal délibératif est ainsi résolument ancré dans les discussions ordinaires des citoyens, de telle sorte que « le moment décisif n'est plus l'élection mais la formation de l'opinion publique »[118]. L'idée délibérative est certes un progrès démocratique puisqu'elle permet l'expression du peuple en dehors des rendez-vous démocratiques programmés par les institutions ; mais elle bute sur un point crucial : les portes de la décision lui sont fermées ; la décision reste le monopole des représentants. Or à quoi sert-il de délibérer si ce n'est dans une perspective d'action ? Réduite à la simple participation au discours public, la démocratie délibérative permet certes au système politique de mieux connaître son environnement sociétal. Mais elle peut rapidement s'étioler en simple technique managériale des rapports sociaux ou en forme moderne de « gouvernance ». La cosmétique délibérative ou participative masquant ainsi, dans une nouvelle forme de marketing politique, la reconduction des rapports traditionnels de fonctionnement du politique. L'idée de démocratie délibérative ne sera aboutie que lorsqu'elle intégrera la force contraignante de cadres normatifs permettant la mise en œuvre de processus décisionnels. C'est la raison pour laquelle le politique post-héroïque envisagera l'émergence d'une démocratie non pas seulement délibérative ou participative mais aussi et surtout *collaborative*.

Cette démocratie, collaborative, située à plusieurs échelons de la société et à plusieurs moments du processus délibératif, exige de nouvelles formes d'organisation. Dans toutes les hypothèses, si l'on admet que le social est indissociablement lié à la citoyenneté, c'est-à-dire à l'exercice du pouvoir politique, de nouvelles formes plus adaptées d'expression et de collaboration à la vie publique doivent être trouvées. Le chantier de la démocratie collaborative ouvre un immense espace au sein duquel les citoyens ne sont pas de simples porteurs d'intérêts catégoriels mais les constructeurs identifiés et actifs d'un échange continu. Il s'agit là d'un processus d'apprentissage réci-

proque, de co-création, d'innovation ouverte, de traduction de savoirs et non d'agrégation massive ou de
délégation de pouvoirs à des « spécialistes », experts
ou politiciens. La ligne de mire de cette action de
construction créative est la recherche, menée dans une
dynamique dialogique, d'un monde commun[119]. A
l'opposé des décisions tranchées par une majorité, par
des héros politiques ou par des experts, il s'agit ici
d'une construction mesurée, prudente et concertée,
une démarche active et ouverte, toujours révisable en
fonction des incertitudes et des aléas du monde. La
démocratie collaborative est plus qu'une simple
« contre-démocratie »[120] qui serait mise en œuvre par
des processus de vigilance, de contrôle voire de résistances qui, dans tous les cas, ne peuvent intervenir
qu'*a posteriori*, comme exercice, en négatif, de la souveraineté.

Pour faire émerger cette démocratie collaborative, le politique post-héroïque doit en favoriser et fa-
ciliter les modalités d'expression qui sont aussi riches
et variées que les technologies de l'information et des
réseaux le permettent aujourd'hui et le favoriseront
encore mieux demain. Les principes de son action
sont orientés de trois façons principales : d'abord en
construisant une structuration du dialogue collectif
par problématique ou par thématique et non par position partisane ou type d'argumentation. Ensuite en
facilitant l'accès aux informations pertinentes et en
partageant ainsi le contexte, afin de produire une démarche dialogique constructive et ouverte apte à faire

émerger les idées et les pratiques les plus avancées. Enfin en mettant à la disposition de tous les acteurs des instruments d'organisation, d'expression, de consultation et d'action, situés à différents niveaux et échelles de la société. Cette construction nouvelle implique la délibération *et* l'initiative de l'action, qui ne viendront jamais en concurrence avec les pratiques représentatives traditionnelles, mais en complément, et dans une logique d'enrichissement et de vigilance confiante.

Cette démocratie requiert un cadre de contraintes nouvelles pour l'action, que le politique post-héroïque devra non seulement accepter mais aussi favoriser. Au cœur de l'idée de démocratie collaborative réside l'obligation que soient exprimées, de façon publique les raisons qui justifient les décisions (lois, règlements, normes) du politique et des autres sphères fonctionnelles. Autrement dit, que soient explicitement organisés les moyens qu'ont les citoyens, dans leur pluralité, de réguler leur vie commune, de créer leur réel. Cet idéal démocratique va beaucoup plus loin que l'idéal représentationnel classique. En effet, l'idéal démocratique métamorphosé affirme comme principe l'exercice du jugement critique et la pratique de l'initiative. Ces deux modes d'action impliquent la mise en œuvre d'un travail collaboratif, c'est-à-dire d'un ensemble de possibilités d'*enquêtes*[121] concernant l'impact sur la démocratie des différents phénomènes sociaux modernes. Cet exercice du jugement critique implique que les acteurs sociaux, au premier titre desquels figurent les citoyens, soient informés et autonomes. Dans nos sociétés, ce vœu exige que du savoir soit distribué parmi les participants de la société. Mais ce savoir n'est pas uniquement théorique ; il est orienté vers l'action ; il est essentiellement pratique, c'est-à-dire qu'il concerne l'aptitude à créer des normes sociales et à les utiliser. Il s'agit d'une *praxis* orientée non seulement sur des faits, sur des moteurs décisionnels comme la confiance, mais aussi sur des idéaux démocratiques telles que la liberté ou la justice. Cette forme de démocratie implique aussi que l'initiative appartienne aux acteurs sociaux. Hannah Arendt a bien montré qu'avoir l'initiative était « le privilège humain suprême »[122]. Philip Pettit exprime la même idée : « Être admis au rang de personne, c'est posséder une voix que l'on ne peut ignorer, une voix qui s'exprime, avec une certaine autorité, sur des problèmes soulevés en commun avec d'autres ; qui s'exprime en tout cas avec une autorité suffisante pour donner aux autres des raisons de suspendre leur jugement et de réfléchir. Être traité comme une personne, c'est s'exprimer d'une voix qui ne peut être écartée sans raison indépendante ; c'est être considéré, en d'autres termes comme une personne qui vaut la peine d'être entendue. »[123]

Cela signifie que les citoyens et les acteurs sociaux ne peuvent se contenter d'être simplement consultés. Le principe délibératif est un minimum démocratique nécessaire mais insuffisant dans les sociétés complexes. *Le pouvoir d'initiative devient désormais le nouveau minimum démocratique.*

Ces contraintes nouvelles de la pratique politique doivent être comprises non comme des obstacles encombrant l'action, mais comme des « faits institutionnels » profondément implantés au sein de la société et générateurs de faits sociaux originaux. Cette démocratie collaborative, créative, active et responsable, participe ainsi de l'implantation historique d'institutions et de leurs acteurs concernés. Ceux-ci, en engendrant de nouveaux faits sociaux, s'implanteront à leur tour, en une spirale dynamique, dans de nouvelles institutions, pour réinventer la République.

VI

Co-créer la république

L'art de gouverner, quand il est exercé par les politiques post-héroïques, ne consiste pas seulement à adopter des pratiques plus en phase avec la réalité des sociétés complexes actuelles. C'est aussi d'une réinvention de la République dont il s'agit, une sorte de retour aux vraies sources, celles où la république était avant tout une théorie de la liberté. Si l'on veut remonter à la source de l'idéal de liberté républicaine, il faut faire un voyage dans le temps et s'arrêter un siècle avant notre ère pour nous remémorer l'histoire de Polybe[124], cet esclave grec, qui enthousiasma Rome et inspira Salluste, Tite-Live et Cicéron. Pour ces illustres romains, la *libertas* est le bien que doit chérir tout être humain. Cette liberté est entendue comme le contraire de l'esclavage, de l'assujettissement à un maître dominateur, quelle que soit sa bienveillance ou sa gentillesse. Il appartient à la Cité de se préoccuper de la non-domination de ses *cives*, de ses citoyens ; car la citoyenneté implique la liberté. La cité elle-même doit s'engager à respecter la non-domination comme une valeur essentielle, ce qui implique qu'elle organise ses pouvoirs dans cette seule perspective. La République romaine identifiait ainsi dans cette liberté à la fois un idéal public, une politique et un impératif constitutionnel. C'est cet idéal de liberté définie comme non-domination qui est l'enjeu de la métamorphose du politique que nous décrivons dans ce livre. Pourquoi affirmer cet idéal ? La liberté énoncée dans la devise républicaine inscrite au frontispice de nos mairies est-elle d'une autre nature ?

La conception de la liberté, qui est la plus courante aujourd'hui, est celle de la société libérale ; elle consacre un type de liberté, celle d'entreprendre et d'échanger. Cette liberté permet de garantir *le bien-être* des individus et revêt une dimension apparemment incontestable et universelle. Toutefois, le contenu de cette théorie de la liberté est remarquablement ambigu et imprécis[125]. De nos jours, la notion de bien-être est le plus souvent prise dans une acception suggérée par la sphère économique, qui domine quasiment toutes les sociétés du monde. Elle renvoie à deux conceptions communément admises. La première voit dans le bien-être la possession de biens et l'accumulation de richesses ; selon cette idée, le bien être est non seulement assimilé à un niveau économique mais aussi à une finalité de l'être humain vivant en société. Ces deux faces de la conception du bien-être semblent aller de soi ; en réalité elles sont particulièrement contestables. Il est vrai que la pauvreté est généralement entendue à la fois comme une absence de biens et de richesses, et comme une diminution du bien-être. Pourtant, dans une logique aristotélicienne, la possession de biens ne peut être envisagée comme une fin vers laquelle devraient courir les individus, mais comme un moyen pour accéder au bien-être. Par ail-

leurs, posséder des biens et des richesses est une valeur totalement relative. Elle renvoie à la fois aux caractéristiques de l'individu, de son environnement et
à celles des biens dont on cherche la possession.

La deuxième conception lie le bien-être à la sa-
tisfaction d'un désir. Bien que cette idée structure
toute la société de consommation, il n'en demeure pas
moins qu'elle néglige la faculté qu'ont les individus
d'adapter leurs désirs en fonction des réalités, des possibilités dont ils disposent et des opportunités qui leur
sont offertes. C'est cette adaptabilité qui permet de
rendre la vie supportable malgré des conditions diffi-
ciles. L'idée de bien-être comme valeur universelle et
unique est donc contestable. Amartya Sen, en tentant
de fracturer le carcan de la pensée économique domi-
nante, a identifié une large variété de fonctionnements
essentiels à la vie humaine qui contribuent au bien-
être. Parmi eux, il y a les réalisations essentielles
comme se nourrir ou être en bonne santé mais il y a
aussi un certain nombre de réalisations, que la sphère
économique ne prend pas directement en compte,
comme l'estime de soi, l'absence d'humiliation, la possibilité de participer à la vie de la communauté, etc.[126]
Ces facteurs de bien-être constituent, dans leur diversité, toutes les combinaisons possibles qui peuvent
être offertes à un individu pour qu'il estime que sa vie
est bonne et digne d'être vécue. Dans cette conception qui brise l'imperméabilité des sphères fonctionnelles de la société, le bien-être est un moyen multidimensionnel qui tend vers un objectif éminemment re-
latif et subjectif, qui dépend de la conception qu'a

chaque être humain de sa propre vie. Vouloir appliquer le même modèle de vie à l'ensemble des êtres humains vivant sur la planète est non seulement une illusion mais une atteinte à la liberté. La liberté ne peut ainsi être entendue comme une simple liberté formelle mais doit être formulée comme une liberté réelle, substantielle, qui permet à un individu de vivre selon un modèle qu'il a la capacité de réaliser. Dans cette optique, les droits formels – comme les droits politiques ou économiques, par exemple – sont nécessaires mais pas suffisants pour définir la diversité du champ de liberté d'un être humain.

La vraie liberté, fondamentale, c'est celle de leur faculté d'œuvrer entre eux, de mettre en commun leur intelligence et de partager leurs savoirs, de pratiquer une démocratie collaborative pour influencer leur contexte dans le sens, non pas de l'efficacité économique seule, mais du bien-être des hommes, bien-être entendu dans toute la richesse, la diversité et la complexité de son acception.

Par surcroît, l'engagement libéral classique, inscrit dans le code civil, conçoit un individu propriétaire d'une liberté permettant de garantir son bien-être mais dans la limite de la *non-interférence* avec celle d'autrui. L'idéal de liberté fondée sur la non-interférence est le plus répandu dans le monde actuel. Il signifie que l'on ne peut subir de la part d'un État ou d'un acteur intentionnel quelconque, une interférence restreignant les choix dont nous disposons. Les théoriciens du ré-publicanisme[127] ont démontré que cette conception se heurte à des questions qui remettent en cause la pertinence et peut-être même la réalité de ce principe. En effet, il est impossible de distinguer la nature des interférences possibles ; elles peuvent être arbitraires quand les interférences sont mises en œuvre dans l'intérêt de celui qui les promeut ; elles peuvent être non-arbitraires et être menées dans l'intérêt de celui qui est concerné par l'interférence. La distinction entre les deux états est, dans certains cas, une gageure. Une loi peut interférer sur ma liberté pour mon bien ou pour le bien d'un tiers. Mais une loi peut aussi entraver ma liberté pour des motifs arbitraires ou pour satisfaire des intérêts qui ne concernent que celui qui met en œuvre l'interférence. De plus, la liberté fondée sur la non-interférence ne reconnaît que le caractère effectif de l'interférence. Or, ma liberté peut être entravée non seulement par des interférences effectives, mais aussi par des actions destinées à créer une position domi-nante, à anesthésier mon jugement, à entretenir la confusion, à m'obliger à certains comportements par la peur, le mimétisme, la pensée dominante. La domi-nation, qu'elle soit symbolique ou réelle, est un moyen d'entraver la liberté sans qu'il y ait interférence effec-tive. La liberté ne sera ainsi complète qu'à partir du moment où j'aurai accès à des ressources qui garantis-sent ma protection contre de telles interférences et me permettent de me soustraire ainsi à la domination.

Cette conception de la liberté exige un effort de rupture car elle se pose en contradiction absolue avec l'hypermonde homogénéisé qui semble notre unique horizon, l'unique alternative. En effet, elle introduit la réalité de la diversité humaine et surtout la dimension du bien en complément de celle du juste. La philosophie libérale opère, de fait, une distinction essentielle entre le juste et le bon. Le bon ne peut être admis par la société libérale actuelle car il est impossible pour elle d'envisager la diversité dans la société. Dans sa conception du politique, elle se fonde donc essentiellement sur le juste, à travers le renvoi, dans la sphère publique du droit et de la justice, de la norme ; et dans la sphère privée de tout ce qui concerne le bon, le bien et la morale. Or, la diversité et la complexité des situations possibles rendent problématique la conviction d'architecturer un ordre politique seulement sur les principes juridiques et universels du juste. C'est en effet ainsi, que l'on crée de l'injuste, par ignorance, volontaire ou non, de ce qui est bien pour tel groupe social ou pour tel autre, à tel endroit et à tel moment.

Le politique post-héroïque se retrouve ainsi face à un choix : fonder un ordre universel articulé sur le juste ou tenir compte des réalités de la société et fonder un ordre sur le bien. La problématique n'est pas aussi tranchée ni aussi schématique que cela. L'une et l'autre branche de l'alternative comportent des risques. La démarche universaliste qui est celle de la pensée libérale moderne crée des injustices et des inégalités ; la démarche plus communautariste aboutit à une atomisation et à une relativisation qui peut se traduire par un historicisme rétrograde. D'un côté, on perd tout point d'ancrage avec la société ; de l'autre, on risque d'entériner des faits établis par les traditions les plus archaïques.

Nos sociétés complexes ne peuvent ignorer plus longtemps ce paradoxe. Tous les groupes sociaux sont particuliers et différents. Toutefois, cela ne signifie nullement une atomisation du tissu social ou un relativisme culturel abusif car, à l'intérieur des sociétés, les hommes se reconnaissent, ont des besoins communs et embrassent des causes communes ; pour prendre conscience de ces réalités naturelles, ils doivent être aidés, par la démarche réflexive du politique « superviseur », à avoir un regard *surplombant*. Les grandes religions monothéistes ne font pas autre chose ; elles sont universalistes, concernent l'ensemble des humains mais admettent et respectent les diversités des sociétés et des cultures. Seuls certaines valeurs et engagements sont communs et partagés par tous. La politique post-héroïque prétendra à une universalité qui préserve les diversités si elle se donne la capacité de faire émerger certaines valeurs fondamentales, partageables par l'ensemble des citoyens de la République. Ces valeurs peuvent être des idées comme par exemple la laïcité, l'affirmation sans clémence de la suprématie de la loi civile sur la coutume ou la loi religieuse. Elles peuvent être aussi des biens ou des choses : ces biens doivent sortir de la logique des sphères fonctionnelles – et notamment celle de la sphère économique – fondée sur la non-interférence et entrer dans une logique de non-domination tout simplement parce qu'ils participent d'un choix délibératif qui les définit comme essentiels à la liberté – voire à la vie – et qu'ils surplombent tous les intérêts particuliers.

La définition et la garantie de ces biens communs se satisfont difficilement, pour nombre d'entre eux, des limites étatiques de la société. Certains enjeux dépassent les frontières et nécessitent une approche globale ; d'autres, à l'inverse, seront plus facilement envisageables dans des entités localement plus restreintes. L'évidence du risque environnemental n'est malheureusement plus à démontrer. Ce risque majeur représente des dangers qui se jouent des frontières des pays, des États et des cultures. En la matière, l'action politique est nécessairement globale. Elle implique des efforts de conviction et de coordination entre des acteurs dont les intérêts peuvent être contradictoires. Mais l'enjeu dépasse les intérêts des individus, des sphères fonctionnelles les plus importantes et des États les plus puissants puisqu'il concerne la survie de l'humanité. Le bien commun devient ici un *bien humain*. Le politique s'efforcera donc de susciter et de participer à l'invention d'une autre organisation du monde qui empruntera une configuration plus fluide, et mettra en œuvre des processus d'hybridation en faisant coexister des modèles différents mais connectés entre eux. L'émergence des risques globaux renforce l'opportunité de bâtir des pratiques réflexives et collaboratives à l'échelle des continents et du monde. Les

organisations comme les individus devront reconnaître les actions de tiers, dont les conséquences les
menacent eux-mêmes, et envisager des modèles de
coopération pour essayer de comprendre la nature du
problème et les politiques à mener pour le résoudre.
L'art du politique post-héroïque, dans son souci de
minimiser les risques menaçant chacun, consiste ainsi
à faire émerger une « résonance transnationale » qui
fasse apparaître les perspectives extérieures comme
étant indissociablement liées aux perspectives intérieures. Cette organisation ne peut naître sans une re-
configuration radicale des modèles politiques et sans
la généralisation des nouvelles formes de démocraties
collaboratives, là où elles sont rares et inexistantes :
entre les monologues institutionnels et les espaces
sectoriels restreints, par-delà les frontières séparant les
systèmes, les langues, les divergences d'intérêts, de
classe, de nations et de religions[128].

Cette ambition du politique post-héroïque n'est
nullement une utopie. Elle s'inscrit dans un mouvement naturel des sociétés que son action doit épouser,
voire précéder. Nous savons que les sociétés humaines sont mues par deux moteurs divergents : celui
qui les pousse vers l'intégration à un niveau supérieur,
et celui qui les entraîne vers des unités de vie plus
proches, plus locales. Les deux forces doivent vivre en
combinaison dans une démarche dialogique, en mê-
lant les efforts pour une organisation au niveau du

monde, d'une part, et d'autre part, sur des entités ajustées aux réalités humaines, écologiques, économiques, culturelles… En réalité ce mouvement est déjà en route mais nous ne faisons qu'en deviner confusément la dynamique. Le niveau mondial d'intégration sera nécessairement atteint par l'humanité car certains de ses choix et décisions vitales ne pourront être prises qu'à un niveau « surplombant ». C'est à ce niveau que devront être gérées, en ayant en perspective l'idéal de liberté de non-domination, les questions concernant les biens premiers vitaux comme l'eau, l'énergie, la santé et l'information. Ces biens concernent la pérennité et la sécurité de l'humanité dans son ensemble et dans sa diversité. Et l'humanité n'appartient ni au marché, ni aux institutions, ni aux organisations, ni même aux sociétés. Elle doit être prise telle qu'elle est, dans sa diversité, sa richesse, ses forces et ses faiblesses. Préserver cette diversité n'est pas un obstacle ni une tare, mais une réalité substantielle que la République réinventée devra prendre en compte.

C'est dans le même esprit que le deuxième niveau d'intégration, cette fois-ci orienté vers le local, prend toute son ampleur. Quand on dit 'orienté vers le local' on devrait plutôt dire 'orienté vers le réel'. En effet, la République du politique post-héroïque devra contribuer à organiser les sociétés humaines dans des cadres et des espaces qui correspondent le plus justement possible à leurs spécificités. La notion traditionnelle de territoire perd ici de son sens car on peut imaginer des espaces non-coalescents qui seront le lieu de rassemblement d'une société cimentée par les liens du réseau plutôt que par ceux du sol. Mais on pourra aussi évoquer des groupes sociaux construits sans tenir compte des frontières politiques et administratives actuelles, qui seront réunis par des liens culturels ou historiques.

Certes cet équilibre est instable, fragile, nécessairement évolutif, mais la démocratie n'est pas et ne sera jamais le consensus, ni seulement « l'art de gérer les désaccords de manière civilisée. »[129] La politique ne peut désormais plus se résoudre à des formules simples ni à des problématiques disjonctives ; la politique n'est pas un simple jeu de conciliation des contraires. Les alternatives ne se limitent pas à choisir entre marché et État, entre local et global, entre droite et gauche. La politique qui vient exige d'imaginer, sans fards ni faiblesse, le complexe et l'articulation de l'hétérogène, car c'est là que réside l'essence même du politique. La République post-héroïque, jaillissant de la métamorphose du politique, possède en elle-même une force littéralement subversive, tendue vers la réalité du monde et l'intelligence des hommes.

Notes

---

[1] Myriam REVAULT D'ALLONNES, *Le dépérissement du politique*, Aubier, 1999

[2] Cf. : Barbara CASSIN, *Grecs et Romains : les paradigmes de l'Antiquité chez Arendt et Heidegger*, in « Politique et pensée », Colloque Hannah Arendt, Payot, 2004

[3] Carl SCHMITT, *La notion de politique* (1932), Flammarion, 1992

[4] Friedrich NIETZSCHE, *Par delà le bien et le mal* (1886), Gallimard, 1971

[5] Martin HEIDEGGER, *Être et temps*, Gallimard, 1986

[6] Paul RICOEUR, *Pouvoir et violence*, in « Politique et pensée », Colloque Hannah Arendt, Payot, 2004

[7] Jean-François LYOTARD, *Heidegger et « les Juifs »*, Galilée, 1988

[8] Paul RICŒUR, *op.cit.*

[9] Pierre ROSANVALLON, *Pour une histoire conceptuelle du politique*, Seuil, 2003

[10] Daniel INNERARITY, *La démocratie sans l'État*, Climats, 2006

[11] Marcel GAUCHET, *La condition politique*, op.cit.

[12] Cf. : Georges BALLANDIER, *Le Grand Dérangement*, PUF, 2005

[13] Victor HUGO, *Les orientales* (1828), Gallimard Poésies, 1981

[14] Jean-Jacques ROUSSEAU, *Discours sur cette question : quelle est la Vertu la plus nécessaire aux Héros ; et quels sont les héros à qui cette vertu a manqué, proposée en 1751 par l'Académie de Corse.* Œuvres complètes, tome 3, Gallimard coll. La Pléiade, 1964

[15] VOLTAIRE, Lettre du 15 juillet 1735 à Thiériot

[16] Jacques JULLIARD, *Que sont les grands hommes devenus ?* Éditions Saint-Simon, 2004

[17] PLATON, *Cratyle* in Œuvres complètes, tome 5, Les Belles Lettres, 2000

[18] Bertolt BRECHT, *La vie de Galilée* (1943), L'Arche Théâtre, 1997

[19] Cf. : Henri BERGSON, *Les deux sources de la morale et de la religion*, PUF, 1932

[20] Ludwig FEUERBACH, *L'essence du christianisme* (1841), Gallimard, 1992

[21] ALAIN (Émile Chartier), *Mars ou la guerre jugée, Chap. XIX, De l'héroïsme*, (1921) Gallimard, 1995

[22] Jacques JULLIARD, o*p.cit.*

[23] *Ibid.*

[24] Daniel INNERARITY, o*p.cit.*

[25] Cf. : Georges BALLANDIER, o*p.cit.*

[26] Cf. : Alexandre SOLJENITSYNE, *Le déclin du courage*. Discours de Harvard, juin 1978, Seuil, 1978

[27] Hannah ARENDT, *Condition de l'homme moderne*, Calmann-Lévy, 1983

[28] Franco VOLPI, *Le paradigme perdu*, in Hans Jonas et Hugo T. Engelhardt, « Aux fondements d'une éthique contemporaine », Vrin, 1994

[29] Cf. : Michael POLANYI, *Logique de la liberté*, PUF, 1989

[30] Cf. Daniel INNERARITY, o*p.cit.*

[31] Sur cette notion, qui est devenue un « prêt-à-penser » des sciences sociales contemporaines, voir l'ouvrage fondateur de Peter BERGER et Thomas LUCKMANN, *La construction sociale de la réalité*, Armand Colin, 1996

[32] Cf. Jacques GERSTLE qui fait état de ces recherches dans *Démocratie représentative, réactivité politique et imputabilité*, in RFSP, vol. 53, n° 6, décembre 2003, p.851-858

[33] Friedrich A. HAYEK, *Droit, législation et liberté. Règles et ordre.* PUF, 1995 (c'est nous qui soulignons)

[34] Max WEBER, *Économie et société* (1921), Plon, 1971

[35] Daniel INNERARITY, o*p.cit.*

[36] Edgar MORIN, *Le défi de la complexité*, Chimères, 1988

---

[37] Cf. Niklas LUHMANN, *Politique et complexité*, Cerf, 1999

[38] Niklas Luhmann parle de « perdifférenciation fonctionnelle », in *Politique et complexité*, op. cit.

[39] Cf. le rapport Stern déjà cité.

[40] Rapport commandé par le département américain de la Défense à deux experts du *Global Business Network*, Peter Schwartz et Doug Randall et dont les premiers résultats ont été publiés par le magazine *Fortune* du 9 février 2004. La traduction française intégrale de ce rapport est publiée sur le site Internet : http://paxhumana.info

[41] Gottfried LEIBNIZ, *Principes de la nature et de la grâce fondés en raison : Principes de la philosophie, ou, Monadologie*, PUF, 2001

[42] Jean-Pierre DUPUY, *Complexité sociale*, article du Dictionnaire des Sciences humaines, dir. Sylvie Mesure et Patrick Savidan, PUF, 2006

[43] MONTESQUIEU, *De l'Esprit des lois*, Gallimard, 1995

[44] Jean-Pierre DUPUY, *Vers l'unité des sciences sociales autour e l'individualisme méthodologique complexe*, in Revue du MAUSS, n° 24, 2004/2

[45] Cf. : Jacob SMUTZ, *Introduction* à Politique et complexité de Niklas Luhmann, *op.cit.*

[46] Sur les procédures réflexives, voir Gunther TEUBNER, *Droit et réflexivité : l'autoréférence en droit et dans l'organisation*, LGDJ, 1994 et Helmut WILLKE, « Trois types de structures juridiques », in Charles MORAND (dir.), *L'État propulsif*, Publisud, 1991

[47] Cf. : Edgar MORIN, *Introduction à la pensée complexe*, Seuil, 2005

[48] Friedrich NIETZSCHE, *Fragments posthumes*, tome XIII, trad. P. Klossowski Gallimard, 1976, cit. in Jean-François MATTEI, *La crise du sens*, Éditions Cécile Defaut, 2006

[49] Cf.: Friedrich NIETZSCHE, *Ainsi parlait Zarathoustra* (1883), trad. M. de Gandillac, Gallimard, 1971

[50] Cf. : Michel CROZIER et Erhard FRIEDBERG, *L'acteur et le système*, Seuil, 1981

[51] Yannick PAPADOPOULOS, *Complexité sociale et politiques publiques*, Montchrestien, 1995

[52] Helmut WILLKE, *Ironie des Staates*, Francfort, Suhrkamp, 1996

[53] Cf. : Michel NARCY, *Qu'est-ce que l'ironie socratique ?* in Journal of the International Plato Society, n° 1, mars 2001

[54] Helmut WILLKE, *Op. Cit.*

[55] Cf. : Jacques LOLIVE, *La montée en généralité pour sortir du « Nimby »*, in Politix n° 39, 1997

[56] Pierre ROSANVALLON, *La contre-démocratie*, Seuil, 2006

[57] Flammarion, 2002

[58] Cf. : Carlos Miguel HERRERA, *Le droit, le politique autour de Max Weber, Hans Kelsen, Carl Schmidt*, L'Harmattan, 2000

[59] La « réflexion » de Luhmann n'est pas celle qui autrefois était « considérée comme la propriété d'une partie particulière (et pensante) de l'âme (Aristote) et encore moins comme la structure d'un sujet « transcendantal » (Kant) ou d'une conscience du Moi (Fichte). » in *Politique et complexité*, op.cit.

[60] Norbert Elias pense que le processus de civilisation consiste dans la réunion de conditions psychologiques et sociales permettant de substituer l'autolimitation à la limitation imposée de l'extérieur. In *La civilisation des mœurs*, Calmann-Lévy, 1991

[61] Cf. : Daniel INNERARITY, *op.cit.*

[62] Robert AXELROD, *Comment réussir dans un monde d'égoïstes ?*, Odile Jacob, 1996

[63] *Ibid.*

[64] Le théoricien Heinz von Foerster avait formalisé cette caractéristique dans la conjecture qui porte son nom et que Dupuy résume dans cette formule : « plus les relations individuelles sont rigides, plus le comportement de la totalité apparaîtra aux éléments individuels qui la composent *comme dotée d'une dynamique propre qui échappe à leur maîtrise.* » Dès lors, « L'avenir du système est prévisible mais les individus se sentent impuissants à en orienter ou réorienter la course, alors même que le comportement d'ensemble continue de n'être que la composition des réactions individuelles à la prévision de ce même comportement. *Le tout semble s'autonomiser par rapport à ses conditions d'émergence et son évolution se figer en destin.* » *In* Jean-Pierre DUPUY, *Pour un catastrophisme éclairé*, op.cit.

[65] Daniel INNERARITY, *op.cit.*

[66] Jay W. FORRESTER, *Counterintuitive Behavior of Social Systems*, in Technology Review, Massachusetts Institute of Technology, janvier 1971

[67] Pierre ROSANVALLON, *op.cit.*

---

⁶⁸ Michel FOUCAULT, *Microphysique du pouvoir*, in Sciences Humaines, n° 44, novembre 1994. C'est nous qui soulignons.

⁶⁹ MONTESQUIEU, *Cahiers sur l'homme*, in « Cahiers 1716-1755 », Bernard Grasset, 1941

⁷⁰ Cf. : Benjamin CONSTANT, *De la liberté des anciens comparée à celle des modernes* (1819), *in* Écrits Politiques, Seuil, 1997

⁷¹ Pour prendre un exemple parmi d'autres, le mot « confiance » fait partie de la liste des 10 mots les plus fréquents des discours du général de Gaulle ; il se situe, dans le classement établi par les recherches lexicologiques, entre le mot « Peuple » et « Nation » (Cf. Jean-Marie COTTERET et al. *Le vocabulaire du Général de Gaulle*, Armand Colin, 1969)

⁷² Niklas LUHMANN, *La confiance*, op.cit.

⁷³ *Ibid.*

⁷⁴ *Ibid.*

⁷⁵ Cf. la formule fameuse du Montesquieu de *L'esprit des lois* (1758) : « C'est une expérience éternelle que tout homme qui a du pouvoir est porté à en abuser. »

⁷⁶ Robert DAHL, *Qui gouverne ?* , Armand Colin, 1971

⁷⁷ Joseph SCHUMPETER, *Capitalisme, socialisme et démocratie*, Payot, 1965

⁷⁸ Cf. : Pierre BIRNBAUM, *La fin du politique*, Seuil, 1975

⁷⁹ Giovanni SARTORI, *Théorie de la démocratie*, Armand Colin, 1974

⁸⁰ Pierre BIRNBAUM, *op.cit.*

⁸¹ Giovanni SARTORI, *op.cit.*

⁸² Ernest GELLNER, *Conditions of Liberty : Civil Society and its Rivals*, Londres, Penguin, 1996

⁸³ Cf. : Jean L. COHEN et Andrew ARATO, *Un nouveau modèle de société civile*, in Temps Modernes, n° 564, juillet 1993

⁸⁴ Antonio GRAMSCI, *Carnets de prison*, Gallimard, 1996

⁸⁵ Robert PUTNAM, *Bowling Alone : the Collapse and Revival of American Community*, New York, Simon and Shuster, 2000

⁸⁶ Cf. : Michael SANDEL, *Le libéralisme et les limites de la justice*, Seuil, 1999

⁸⁷ Jean L. COHEN et Andrew ARATO, *Civil Society and Political Theory*, MIT Press, 1994

[88] Cf. Philip PETTIT, *Républicanisme, une théorie de la liberté et du gouvernement*, Gallimard, 2004

[89] Pierre LEVY, *Cyberdémocratie*, Odile Jacob, 2002

[90] *Ibid.*

[91] Cf. : Paul THIBAUD, *Être français aujourd'hui*, in Alain FINKIELKRAUT, « Qu'est-ce que la France ? », Stock, 2007

[92] Cf. : James BOHMAN, Joshua COHEN et William REHG (dir), *Deliberative Democracy: Essays on Reason and Politics*, MIT Press, 1997

[93] Jacques GENEREUX, *La dissociété*, Seuil, 2006

[94] Cf. : Luis de MIRANDA, *Ego Trip*, Max Milo, 2003

[95] Cf. : Peter SLOTERDIJK, *Essai d'intoxication volontaire*, Calmann-Lévy, 1999

[96] Cf. Gérard AYACHE, o*p.cit.*

[97] Pierre-André TAGUIEFF, *Le retour du populisme, un défi pour les démocraties européennes*, Universalis, 2004

[98] Jean-François KAHN, *Les bullocrates*, Fayard, 2006

[99] Michael WALZER, *Sphères de justice, une défense du pluralisme et de l'égalité*, Seuil, 1997

[100] Cf. : Paul RICŒUR, *Parcours de la reconnaissance*, Stock, 2004

[101] Guy HERMET, *La trahison démocratique : populistes, républicains et démocrates*, Flammarion, 1998

[102] Carl SCHMITT, *Théorie de la constitution*, PUF, 1993

[103] *Ibid.*

[104] Cf. Alain de BENOIST, o*p.cit.*

[105] Cf. : Georg SIMMEL, *Sociologies : études sur les formes de socialisation* (1922), PUF, 1999

[106] Bertrand de JOUVENEL, *Essai sur la politique de Rousseau*, introduction au *Contrat social* de Jean-Jacques Rousseau, Genève, Éditions du cheval ailé, 1947

[107] Jean-Jacques ROUSSEAU, *Essai sur l'origine des langues* (1754) Éditions Honoré Champion, 1997,

[108] Jean-Jacques ROUSSEAU, *Du contrat social*, Genève, Éditions du cheval ailé, 1947

[109] Roger SUE, *Associations et démocratie*, conférence à Animafac, 23 décembre 2005

[110] Cf. : Howard RHEINGOLD, *Les foules intelligentes*, M2 Éditions, 2005

[111] Niklas LUHMANN, *Politique et complexité*, op.cit.

[112] *Ibid.*

[113] Nous pensons notamment à l'éruption chronique de mouvements contestataires et extrémistes.

[114] Alain FINKIELKRAUT, *Comment peut-on être français ?* , in Le Figaro du 15 mars 2007

[115] Jürgen HABERMAS, *Droit et démocratie. Entre faits et normes*, Gallimard, 1997

[116] Bernard MANIN, *Volonté générale ou délibération ? Esquisse d'une théorie de la délibération politique*, in Le Débat, n° 33, janvier 1985, pp. 72-93

[117] Cf. : Loïc BLONDIAUX et Yves SINTOMER, *L'impératif délibératif*, in Politix, volume 15, n° 57-2002, pp. 17-35

[118] *Ibid.*

[119] Cf. : Michel CALLON (et al.), *Agir dans un monde incertain*, Seuil, 2001

[120] Cf. Pierre ROSANVALLON, *La contre-démocratie*, op.cit.

[121] James BOHMAN, *Realizing Deliberative Democracy as a Mode of Inquiry : A Pragmatic Account of Social Facts and Democratic Norms*, in Journal of Speculative Philosophy, n° 18, 2004

[122] Hannah ARENDT, *Les origines du totalitarisme* (1951) suivi de *Eichmann à Jérusalem* (1963), Gallimard, 2002

[123] Philip PETTIT, *Républicanisme*, op.cit.

[124] *Ibid.*

[125] C'est ce qu'avait remarqué le Prix Nobel 1998 d'économie, Amartya Sen dans : *Commodities and Capabilities*, Oxford University Press, 1999

[126] Cf. : Amartya SEN, *Un nouveau modèle économique : Développement, justice, liberté*, Odile Jacob, 2003

[127] Cf. Philip PETTIT, *Républicanisme*, op.cit.

[128] Ulrich BECK, *op.cit.*

[129] Vladimir JANKELEVITCH, *Traité des vertus*, Bordas, 1949

www.ingramcontent.com/pod-product-compliance
Lightning Source LLC
Chambersburg PA
CBHW070703290526
45790CB00001B/423